写给市民大众的——"安居万事通"丛书

编委会主任　董藩

房屋中介知识问答

王宏新　编著

中国建筑工业出版社

图书在版编目(CIP)数据

房屋中介知识问答/王宏新编著.—北京：中国建筑工业出版社，2006
("安居万事通"丛书)
ISBN 978-7-112-08467-8

Ⅰ.房… Ⅱ.王… Ⅲ.房地产业—中介组织—中国—问答 Ⅳ.F299.233-44

中国版本图书馆 CIP 数据核字(2006)第 113606 号

"安居万事通"丛书
房屋中介知识问答
王宏新　编著

*

中国建筑工业出版社出版、发行(北京西郊百万庄)
各地新华书店、建筑书店经销
北京天成排版公司制版
北京蓝海印刷有限公司印刷

*

开本：850×1168 毫米　1/32　印张：7½　字数：206 千字
2006 年 11 月第一版　2008 年 2 月第二次印刷
印数：3001—4500 册　定价：**15.00 元**
ISBN 978-7-112-08467-8
(15131)

版权所有　翻印必究
如有印装质量问题，可寄本社退换
(邮政编码　100037)

"安居万事通"丛书包括《房屋买卖知识问答》、《房屋租赁知识问答》、《房屋中介知识问答》、《家居装修知识问答》、《物业管理知识问答》、《置业安居法律知识问答》6册,基本囊括了城市居民安居置业可能遇到的所有常规问题。本书以问答的形式,用通俗的语言介绍了市民在购房和房屋租赁时普遍关心的怎样与房屋中介打交道的种种热点问题。主要包括房屋的基础知识、房屋中介机构概况、房地产经纪机构、房地产咨询与评估机构、如何通过中介出(求)租房以及买卖二手房等。

本书可为市民与房屋中介打交道提供咨询和参考,也可作为房地产相关专业人士及房屋中介人员的实务操作指南。

* * *

责任编辑:吴宇江　封　毅
责任设计:赵明霞
责任校对:张景秋　孙　爽

"安居万事通"丛书
编 委 会

（按汉语拼音为序）

顾问	胡代光	胡健颖	胡乃武	饶会林
	王健林	邬翊光	杨 慎	郑超愚
主任	董 藩			
编委	刘 毅	王宏新	姚蓉蓉	周小萍
作者	丁 宏	丁 娜	董 藩	范 萍
	李 静	李亚勋	刘人莎	刘 毅
	秦凤伟	王 昊	王宏新	武 敏
	徐 轲	姚蓉蓉	张健铭	周小萍

顾问简介（按汉语拼音为序）

胡代光 著名经济学家、教育家，北京大学经济学院、西南财经大学经济学院教授、博导，曾任北京市经济总会副会长、民革中央第六届、第七届常委，第七届全国人大常委，享受国务院特殊津贴。

胡健颖 著名经济学家、统计学家、营销管理专家、房地产管理专家，北京大学光华管理学院教授、博导，北京大学房地产经营与管理研究所所长，建设部特聘专家，北京布雷德管理顾问有限公司首席顾问。

胡乃武 著名经济学家、教育家，中国人民大学经济学院教授、博导，中国人民大学学术委员会副主任，北京市经济总会副会长，国家重点学科国民经济学学术带头人，享受国务院特殊津贴。

饶会林 著名经济学家，东北财经大学公共管理学院教授、博导，中国城市经济学会副会长兼学科建设委员会主任，中国城市经济学的开拓者之一，享受国务院特殊津贴。

王健林 著名企业家，中国房地产业协会副会长，大连万达集团股份有限公司董事长兼总裁，中国西部地区开发顾问，多个省、市政府顾问，入选"20年20位影响中国的本土企业家"，为中国房地产业旗帜性人物。

邬翊光　著名地理学家、土地资源管理专家、房地产管理专家，北京师范大学地理学与遥感科学学院教授，中国房地产估价师学会顾问，中国土地估价师学会顾问。

杨　慎　著名房地产管理专家，原建设部副部长、中国房地产业协会会长，中国住房制度改革、房地产业发展和中国房地产法制建设的主要设计者、推动者之一。

郑超愚　著名经济学家，中国人民大学经济研究所所长、教授、博导，霍英东青年教师研究基金奖和中经报联优秀教师奖获得者，美国福布赖特基金高级访问学者。

序　言

　　2005 年年底，曾接到中国建筑工业出版社吴宇江、封毅两位编辑的邀请，他们希望北京师范大学房地产研究中心与其一起对普及房地产基础知识、推动房地产财经教育做些事情。虽然至今未能同两位编辑面对面畅谈，但多次的电话和 E-mail 联系使我深深感到：已经很少有这样执着、认真、坦诚的编辑了，如果没有合作的机会，是很遗憾的。

　　对于写些什么样的书，我思考了很长时间。按理说教材销量稳定，在业内的影响大，也算正经的科研成果，是值得考虑的。但我和我的合作者讨论后最终决定给普通市民写一套关于安居知识的简易读物。做出这种决定不是源于收益或者科研成果方面的考虑，而是希望为普通市民做些事情。

　　由于我和我的同事是从事房地产教学和科研工作的，所以朋友、同学、邻居们经常就安居置业问题向我们问这问那。有些问题并不难，只是大家不知道一些专业上的规定；有些则需要具备比较系统的专业修养才能回答；有些我们也需要仔细查阅规定或者整理各方意见才能准确回答。有时我们到楼盘或小区调查，看到看房者拿着材料茫然地看着，或者看到楼盘销售人员不停地忽悠看房者，或者看到一家人在认真地讨论着并不重要或者不是那么回事的事情，或者看到要求退房的人与售楼人员争吵，或者看到业主们从楼上垂下维权条幅，并与物业管理人员争吵着，我就想，如果广大市民对安居置业的专业知识掌握得多一些，或者有一些针对这些问题的简明专业手册可以事先查阅，许多问题的解决思路就很清楚，许多矛盾就可以避免，大家在许多事情上就会更有主见。虽然我们有时可以给身边的咨询者提供零星帮助，但一个人的时间、精力都有限，而且有时找我们不方便，不认识的人甚至无法直接从我们这里获得帮助。如果我们把相关规定、解释以及一些经验性知识整理成书，一切问题就会迎刃而解。这就是我们编写这套"安居万事通"丛书的基本目的。

这套丛书包括《房屋买卖知识问答》、《房屋租赁知识问答》、《房屋中介知识问答》、《家居装修知识问答》、《物业管理知识问答》、《安居置业法律知识问答》6 册，基本囊括了城市居民安居置业可能遇到的所有常规问题。编写工作由北京师范大学房地产研究中心的各位同事、我在北京师范大学和东北财经大学两校的高素质学生以及房地产实业界声誉颇高的从业者共同完成。由于时间、精力原因，这套丛书可能还存在这样那样的问题，我们欢迎大家批评指正，以便进一步修订、完善。

董 藩

2006 年 8 月

前　　言

　　随着我国经济持续、快速发展，城乡居民收入水平不断提高，广大市民购房需求和购房能力不断增强。同时，随着城市化进程的加快，市场上的商品房存量也不断扩大，为城市二手房租赁与买卖市场增添了活力。中国的房地产市场继续处于升温期。然而，房地产市场是一个非常特殊的市场，其专业知识不仅纷繁复杂，也与广大市民的"钱袋子"密切相关。一项好的房地产投资可以给投资者带来丰厚的回报；反之，一次错误的投资决策则可能会带来巨大损失。正是这种行业的特殊性造就了房地产中介这一产物。无论你是出租还是求租，也无论你是出售还是求购二手房（甚至是新房），都可以看到房屋中介的身影。房屋中介已经越来越与我们广大市民密切相关。但是，你真对房屋中介了解吗？房屋中介是如何运作的？如何收费？你在生活中是否遇到过"黑中介"呢？如何避免落入房屋中介的"陷阱"呢？有哪些相关的法律法规需要我们多加注意呢？……这些问题都与我们市民密切相关，但对市民来说又比较陌生。由于我国房地产业还处于发展成熟进程之中，各种与房屋租赁、买卖相关的法律、法规和新的政策陆续出台，房屋中介机构的业务产品也不断地推陈出新，这对于绝大多数非本专业的民众而言，全面追踪把握难度很大，也没有必要。为此，我们编写了这本《房屋中介知识问答》，希望给与广大市民切实的帮助。

　　本书以问答的形式，简明扼要地介绍了房屋的基础知识、房屋中介机构概况、房地产经纪机构、房地产咨询与评估机构、如何通过中介出（求）租房以及买卖二手房等内容，详细解答了市民普遍关心与房屋中介打交道的种种热点问题。本书也可以为房地产相关专业人士及房屋中介人员提供借鉴。

　　本书由北京师范大学房地产研究中心副主任王宏新博士主编，北京师范大学房地产研究中心土地资源管理专业研究生丁宏、丁娜、范萍、李静、张健铭等同学参与联合编写而成。在编写过程中，我们参考了许多学者的著作、教材和论文，也参考了很多网络佚名资料，在此对这些作者致以深深的谢意。由于时间和水平所限，错误和不妥之处在所难免，欢迎广大读者批评指正。

王宏新

2006 年 8 月

目 录

第1章 准备知识 ········· 1

1.1　什么是商品房？ ········· 1
1.2　什么是经济适用房？ ········· 1
1.3　什么是二手房？ ········· 2
1.4　什么是公房？ ········· 2
1.5　什么是私房？ ········· 2
1.6　什么是回迁房？ ········· 3
1.7　什么是集资房？ ········· 3
1.8　什么是安居房？ ········· 3
1.9　什么是廉租房？ ········· 3
1.10　什么是普通标准住房？ ········· 4
1.11　什么是房地产产权？ ········· 4
1.12　产权证书具体指什么？ ········· 4
1.13　什么是房屋所有权证？ ········· 4
1.14　房屋产权证书具体包含哪些内容？ ········· 5
1.15　什么是产权共有？ ········· 5
1.16　什么样的商品房可以上市交易？ ········· 5
1.17　哪些经济适用房不可以上市交易？ ········· 6
1.18　哪些二手房可以上市交易？ ········· 6
1.19　哪些二手房不可以上市交易？ ········· 7
1.20　哪些已购公房可以上市交易？ ········· 7
1.21　哪些已购公房不允许上市出售？ ········· 7
1.22　如何出售经济适用房和已购公房？ ········· 8
1.23　什么是优先购买权？ ········· 8

1.24	什么是差价换房？	9
1.25	差价换房有几种方式？	9
1.26	哪些公有住房不得进行差价换房？	10
1.27	进行差价换房，必须注意哪些问题？	11
1.28	什么是按揭？	11
1.29	什么是住房按揭贷款？	11
1.30	什么是二手房转按揭？	11
1.31	土地出让金是什么？	12
1.32	什么是印花税？	12
1.33	什么是营业税？	12
1.34	什么是土地增值税？	12
1.35	什么是契税？	13

第2章 房地产中介机构概况 14

2.1	什么是房地产中介机构？	15
2.2	设立房地产中介机构应具备什么条件？	16
2.3	房地产中介机构应该遵守哪些义务？	17
2.4	房地产中介机构的主管部门有哪些？	17
2.5	房地产中介机构一般是如何收取中介服务费用的？	18
2.6	房地产中介合同应该包含哪些内容？	19
2.7	房地产中介机构与房地产企业有什么不同？	21
2.8	房地产中介机构从业人员需要哪些条件？	23
2.9	房地产中介机构从业人员不得有哪些行为？	24
2.10	房地产经纪人的合法权利有哪些，消费者不能任意损害？	24
2.11	什么样的房地产中介机构才是合法的？	25
2.12	房地产中介机构应遵守哪些义务？	27
2.13	房地产中介机构常见的违规违法行为有哪些？	28
2.14	房地产中介机构的主管部门有哪些？	29
2.15	对于房地产中介服务违规违法行为，	

目 录

    法律法规是如何进行处罚的？ …………………… 29
 2.16 如何挑选中介公司？ …………………………………… 30
 2.17 消费者在和房地产中介机构合作时，
    应该注意哪些问题？ …………………………………… 33
 2.18 如何识破黑中介的行骗伎俩？ ……………………… 35
 2.19 怎样防范房地产黑中介？ ……………………………… 36

第3章 房地产经纪机构 ……………………………………… 37
 3.1 什么是房地产经纪机构？ ……………………………… 37
 3.2 房地产经纪机构的主要业务是什么？ ……………… 38
 3.3 房地产经纪机构设立需要哪些条件？ ……………… 39
 3.4 什么是房地产经纪人执业资格？有哪几种？ …… 39
 3.5 什么是房地产经纪人协理？房地产经纪人协理
    需要哪些职业能力？ …………………………………… 40
 3.6 什么是房地产经纪人？房地产经纪人需要
    哪些职业能力？ ………………………………………… 40
 3.7 参加房地产经纪人执业资格考试需要哪些条件？ … 41
 3.8 房地产经纪人申请注册的申请条件有哪些？ …… 41
 3.9 房地产经纪人和房地产经纪人协理在权责上有
    哪些异同？ ……………………………………………… 42
 3.10 什么是房地产居间，房地产居间业务主要有
    哪几种类型？ …………………………………………… 43
 3.11 房地产居间业务基本流程应该包括哪些环节？ … 43
 3.12 什么是房地产居间合同？它有哪些主要特征？ … 44
 3.13 房地产居间合同主要包括哪些条款？ …………… 44
 3.14 什么是房地产代理？房地产代理一般
    有哪几种类型？ ………………………………………… 45
 3.15 房地产代理业务的基本流程应该
    包括哪些环节？ ………………………………………… 45
 3.16 什么是房地产代理合同？它有什么特点？ ……… 46
 3.17 房地产代理合同中一般包括哪些合同条款？ …… 46

3.18 在签订房地产买方代理合同中要
注意哪些合同条款？ ………………………… 47
3.19 在房地产卖方代理合同中要注意
哪些合同条款？ ……………………………… 47
3.20 什么是房地产信托服务？ …………………… 47
3.21 房地产经纪服务有哪些特点？ ……………… 48
3.22 房地产经纪的基本执业规范有哪些？ ……… 49
3.23 房地产经纪活动中有哪些活动是禁止的？ … 49
3.24 房地产经纪纠纷主要有哪些类型？
如何规避与处置？ …………………………… 50

第4章 房地产咨询和评估机构 …………………… 51

4.1 什么是房地产咨询？ ………………………… 51
4.2 什么是房地产咨询机构？ …………………… 52
4.3 房地产咨询公司一般都提供哪些服务？ …… 53
4.4 作为开发商，如何选择房地产咨询机构？ … 53
4.5 房地产咨询是如何收费的？ ………………… 55
4.6 从事房地产咨询业务的人员有哪些具体要求？ … 56
4.7 什么是房地产评估？ ………………………… 56
4.8 什么是房地产估价？ ………………………… 57
4.9 什么是房产评估与地产评估？ ……………… 60
4.10 什么是单项评估与整体评估？ ……………… 61
4.11 按估价目的，房地产估价主要有哪些类别？ … 62
4.12 什么是房地产评估机构？ …………………… 65
4.13 房地产价格评估机构主要的业务有哪些？ … 66
4.14 房地产评估机构应该具备什么样的资质？ … 66
4.15 房地产估价机构申请资质的受理部门有哪些？ … 70
4.16 申请房地产估价机构资质等级应当
提交哪些材料？ ……………………………… 70
4.17 不同资质的房地产估价机构其业务
范围有何不同？ ……………………………… 71

4.18	设立房地产估价机构的分支机构有什么样的规定?	72
4.19	房地产估价机构的分支机构备案应当提交哪些材料?	72
4.20	房地产估价机构不得参与哪些行为?	73
4.21	哪些情况下可以依法撤销房地产估价机构资质?	73
4.22	什么是专业的房地产估价人员?	74
4.23	从事房地产评估业务的人员有哪些具体要求?	74
4.24	房地产估价师的报考条件和考试科目是什么?	75
4.25	什么是注册房地产估价师?	75
4.26	什么是估价对象?	76
4.27	房地产评估机构为房地产评估的一般程序是什么?	77
4.28	房地产估价合同应当包括哪些内容?	77
4.29	房地产评估是如何收费的?	78
4.30	房地产评估公司在进行土地估价的时候,委托人需要提供哪些材料?	79
4.31	房地产估价报告书包括哪些内容?	80
4.32	房地产估价报告有什么要求?	82
4.33	出具房地产估价报告一般需要多长时间?	82
4.34	房地产估价应当遵循什么原则?	82
4.35	房地产评估的方法有哪些?	83

第5章 如何通过中介出租房屋 ································· 86

5.1	什么是房屋租赁?	87
5.2	房屋租赁的行业主管部门有哪些?房屋租赁适用法律是什么?	87
5.3	哪些情形下的房屋不得出租?	87
5.4	房屋所有权人将房屋提供给他人从事经营活动及以合作方式与他人从事经营活动的,是否应	

	遵守《城市房屋租赁管理办法》? ……………	88
5.5	住宅用房和经营性房屋的租赁有何不同? ……	88
5.6	个人能将公有住房出租吗? …………………	89
5.7	将已经出售给个人的公房出租是否合法呢? ……	89
5.8	出租房屋时为什么要办理《房屋租赁许可证》? …	90
5.9	办理《房屋租赁许可证》程序是什么? ………	90
5.10	申领《房屋租赁许可证》还有哪些规定? ……	91
5.11	《房屋租赁许可证》的背面印有"须知",要求被许可人遵守,一个规范的"须知"内容应包括什么? ………………	91
5.12	办理房屋租赁需要向有关部门备案吗?具体程序是什么? ………………………	92
5.13	房屋租赁当事人应当遵循什么原则? ………	92
5.14	房屋出租人有哪些义务? ……………………	92
5.15	房屋承租人有哪些义务? ……………………	93
5.16	房屋租赁非得签书面合同吗? ………………	93
5.17	租赁房屋合同中应注意哪些条款? …………	94
5.18	租赁期限内,房屋出租人转让房屋所有权的,房屋受让人是否应当继续履行原租赁合同的规定? ………………………	96
5.19	房屋出租人在租赁期限内死亡的,其继承人是否应当继续履行原租赁合同? …………	96
5.20	住宅用房承租人在租赁期限内死亡的,其家庭成员是否可以继续承租? …………	96
5.21	哪些情形下,房屋租赁当事人可以变更或者解除租赁合同? ………………………	96
5.22	承租人有哪些行为的,出租人有权终止合同、收回房屋,因此而造成损失的,由承租人赔偿? …	96
5.23	房屋租赁期限届满,承租人如何继续租用房屋? ……………………………	97

目 录

- 5.24 房屋出租人必须提醒承租人提前多长时间提出续租申请? …… 97
- 5.25 什么情况下的房屋瑕疵，出租人应同意承租人解除合同? …… 97
- 5.26 怎样办理私有房屋租赁合同公证? …… 98
- 5.27 公房如何租赁过户? …… 100
- 5.28 续不续租应该谁做主? …… 100
- 5.29 租期内当事人身故怎么办? …… 101
- 5.30 租赁期满后房主是否可以立即叫房客迁出? …… 101
- 5.31 出租房屋如遇拆迁应如何安置? …… 102
- 5.32 什么是房屋租赁代理? …… 103
- 5.33 房屋租赁代理属于房地产中介机构的什么类型的业务? …… 103
- 5.34 房地产中介服务机构必须具备什么条件? …… 103
- 5.35 房屋租赁当事人应选择什么样的房地产经纪机构? …… 104
- 5.36 房地产中介机构是否应该公布收费标准? …… 104
- 5.37 通过中介出租房屋的具体程序是什么? …… 104
- 5.38 房地产中介服务委托合同应当包括哪些主要内容? …… 105
- 5.39 委托人通过房地产中介机构办理房屋租赁代理业务时，是否可以索要发票? …… 106
- 5.40 房地产中介服务人员执行业务时，是否可以查阅委托人的有关资料和文件，查看现场? …… 106
- 5.41 委托人在通过房地产中介机构办理房屋租赁代理业务时，房地产中介服务人员在房地产中介活动中不得有哪些行为? …… 106
- 5.42 房地产中介服务人员在接受委托人办理房屋租赁代理业务时，与其有利害关系的，是否应当回避? …… 106

5.43 在通过房地产中介机构办理房屋租赁代理业务时，由于房地产中介服务人员过失，给当事人造成经济损失的，应由谁承担赔偿责任？ …… 106

5.44 房地产中介服务机构是否可以将其业务转让委托给其他中介服务机构代理？ …… 107

5.45 房租应按什么标准收取？ …… 107

5.46 出租人可以随意增加房租吗？ …… 108

5.47 出租房屋应交哪些税费？ …… 108

5.48 什么是房屋转租？ …… 110

5.49 房屋转租是否应该订立转租合同？ …… 110

5.50 房屋承租人在租房时有一些惯用的杀价招数，比如故意不表露对房子有好感、不停找房子的缺点、以自己的经济能力不够作为理由要求降价等等，此时房屋出租人应该如何应对？ …… 110

5.51 房屋出租人出租房屋时需留心哪些细节？ …… 111

5.52 出租人如何略施小技，提高房屋租金？ …… 112

5.53 如何做一个成功的老外房东？ …… 112

5.54 以租养房时该注意些什么？ …… 113

5.55 出租房屋时有哪些不可忽视的"出租成本"？ …… 114

5.56 出租人在约承租人看房时要注意哪些事项？ …… 114

5.57 在房屋交验时，你应注意哪些问题？ …… 115

5.58 出租人如何加强对出租写字楼的管理？ …… 115

5.59 房屋出租中介有新的方式吗？ …… 116

5.60 黑心房屋租赁代理中介欺诈客户的惯用伎俩很多，如何应对？ …… 116

5.61 什么是房屋租赁权信托？ …… 118

5.62 为什么要开展房屋租赁权信托业务？ …… 119

5.63 房屋信托机构是如何运作房屋租赁信托产品的？ …… 120

5.64 什么是房屋银行？ …… 120

目 录

5.65	房屋银行与房屋租赁信托有什么区别？	121
5.66	房屋银行在很多城市处境尴尬的原因是什么？	121
5.67	对于出租人，通过房地产中介公司的房屋信托业务可以获得哪些便利？	122
5.68	房屋租赁权信托业务模式是怎样的？	123
5.69	如何办理租赁权信托业务	124

第6章 如何通过中介求租房屋 ……125

6.1	找中介租房有何优缺点？	125
6.2	通过中介租房的流程应该是怎样的？	126
6.3	租房后当事人双方有必要办理房产租赁登记备案吗？	127
6.4	租房后当事人双方办理房产租赁登记备案需要哪些材料呢？	127
6.5	办理房屋租赁登记备案的步骤是什么？	128
6.6	哪些房屋不得出租？	128
6.7	经济上有些困难，租房可不可以贷款？	130
6.8	需要办什么手续才能申请到贷款业务？	130
6.9	租房贷款有限制吗？最多可贷多少？	130
6.10	租房贷款的利息是多少？	130
6.11	贷款后如何支付房租？	130
6.12	我贷了款租房，并且已经还了两个月的房租，但我现在想要退租，怎么办？	131
6.13	我贷款租房后拒交月供，有什么法律责任吗？银行会如何处理？	131
6.14	租房者可以提取公积金用于支付房租吗？	131
6.15	提取公积金租房时需要办理什么手续，提供什么证件？	131
6.16	我的租赁合同还没到期，出租人有权解除租赁合同，收回房屋吗？	132
6.17	我在出差期间，房东把我租的房子转租	

	出去了，请问他这样做可以吗？……………… 132
6.18	请问我所租的房子的窗户坏了，但房东 坚持要我维修并且维修费用也要 我来付，他这样做对吗？………………… 132
6.19	中介公司不兑现承诺又抵赖， 中介服务费怎么办？……………………… 133
6.20	出租的房屋产权转移时，承租人可以要求 优先购买吗？……………………………… 133
6.21	作为承租人可不可以将房屋转租给其他人？ 如何转租？………………………………… 133
6.22	你在哪些情况下可以要求与房主 解除租赁合同？…………………………… 134
6.23	你因故逾期而未付房租，房东有权收 取你的违约金吗？………………………… 134
6.24	求租房屋后，可以修房吗？可以装修房吗？…… 135
6.25	租期内房屋遇到拆迁，作为房客， 我如何保障自身权益？…………………… 135
6.26	什么是私房租赁合同公证？……………………… 136
6.27	私房租赁合同公证包括哪些内容？……………… 136
6.28	办理私房租赁合同公证需要提交哪些材料？…… 137
6.29	在办理私房租赁合同公证过程中，公证部门 进行哪些事项的审查？…………………… 137
6.30	我想租房子，但是我没有经验，不会杀价， 可否教我一些杀价的方法？……………… 138
6.31	租房前看房有哪些注意事项呢？………………… 138
6.32	由于经济条件有限，我想找个合租室友， 请问该如何选择？………………………… 139
6.33	在和房地产经纪机构联系业务时，怎样识别少数 非法经纪组织和违法经纪组织扰乱租赁市场 秩序的行为，以保护自身的合法权益？…… 140

第 7 章　如何通过中介买卖二手房 ················ 142
- 7.1　什么是独家代理卖房？················ 142
- 7.2　什么是一般代理？················ 143
- 7.3　什么是现金收购？················ 143
- 7.4　什么是限时速递？················ 144
- 7.5　什么是租售两全业务？················ 145
- 7.6　二手房房价如何评估？················ 145
- 7.7　影响二手房价格的因素有哪些？················ 146
- 7.8　中介给出的评估价格能够完全相信吗？················ 146
- 7.9　业主什么时候将钥匙交给中介公司合适？················ 147
- 7.10　出售二手房收取定金时，是否应该留下房产证？················ 148
- 7.11　售房者在与购房者见面之后，能够跳过中介机构直接与购房者交易吗？················ 148
- 7.12　中介不知下家联系方式，卖房合同可否取消？················ 149
- 7.13　办理差价换房手续时应提交些什么文件？················ 150
- 7.14　如何使用差价换房中有偿转让所得价款？················ 150
- 7.15　委托经纪机构进行差价换房应注意什么？················ 150
- 7.16　买二手房的具体步骤有哪些？················ 151
- 7.17　买卖二手房要去哪些机构？················ 152
- 7.18　二手房中介费该向买卖双方谁收？················ 153
- 7.19　如何避免二手房交易的定金纠纷？················ 153
- 7.20　如何避免中介公司暗箱操作？················ 154

附录 ················ 156
- 附录一　房地产中介合同参考格式 ················ 156
  - 房地产中介服务合同（买方/承租方）················ 156
  - 房地产中介服务合同（卖方/出租方）················ 159
  - 北京市房地产经纪合同 ················ 163
  - 北京市房屋租赁合同 ················ 166
  - 北京市房屋出租代理合同 ················ 172

附录二　房地产中介相关法律法规 ·············· 176
　房地产估价机构管理办法 ·················· 176
　城市房地产中介服务管理规定 ················ 187
　中介服务收费管理办法 ···················· 191
　房地产经纪人员职业资格制度暂行规定 ············ 195
　房地产估价师注册管理办法 ················· 200
　房地产估价师执业资格制度暂行规定 ············· 206
　城市房屋租赁管理办法 ···················· 209
参考文献 ·························· 215

第 1 章

准备知识

在了解房屋中介之前,我们必须清楚地认识到有关房屋知识的复杂性,对在我国经济中存在着的房屋的不同形态及其内涵进行初步了解,这样才有助于我们更加全面科学地把握房屋中介机构存在的原因、运行机制及如何科学且有富有技巧地与房屋中介打好交道。本章主要从房屋种类、房屋产权以及房屋交易等几方面来介绍一些准备知识。

1.1 什么是商品房?

商品房是指房地产开发经营企业,在通过出让或转让的方式取得使用权的土地上,从事以赢利为目的的房屋开发建设,并依法向社会销售的房屋。已经办理了产权证的商品房可以上市交易。

1.2 什么是经济适用房?

经济适用房是指政府提供政策优惠,限定建设标准、供应对象和销售价格,具有保障性质的政策性商品住房。相对市场上普通商品房的销售价格而言,经济适用房的价格适中,能够适应中低收入家庭的承受能力;在住房设计及其建筑标准上,经济适用房着重强调住房的使用效果。

1.3 什么是二手房？

通常是指再次买卖交易的住宅。个人购买的新竣工的商品房、经济适用住房及单位自建住房，办完产权证后，再次上市买卖，这些房都称为二手房。

1.4 什么是公房？

公房(公有住房、公产住宅)是指由政府和国有企事业单位投资兴建、销售的住宅。在住宅未出售之前，住宅的产权归国家所有。

公房中又有以下几种不同类型：

(1) **房改房**，是指购房者签订住房改革合同并按房改政策规定缴清购房款后，房屋产权由国有转归私人所有的房屋，即是所谓的"房改房"。

(2) **央产房**，全称为"中央在京单位已购公有住房"，允许上市的"中央在京单位已购公有住房"是指职工按房改成本价或标准价购买的央产房。所指"中央在京单位"主要包括：党中央各部门、全国人大机关、全国政协机关、最高人民法院、最高人民检察院、国务院各部委、各直属机构、各人民团体及其所属单位。

(3) **使用权房**，是指由国家以及国有企业、事业单位投资兴建的住宅，政府以规定的租金标准出租给居民的公有住房。

(4) **已购公房**，指职工按住房制度改革政策所购得的住房。职工根据国家政策，按照房改成本价或者标准价购买的由中央在京单位建设的安居工程住房和集资合建住房，也视为已购公房。

1.5 什么是私房？

与公房相对的是私房。私房也称私有住宅、私产住宅。它是由个人或家庭购买、建造的住宅。在农村，农民的住宅基本上是自建私有住宅。公有住房通过住宅消费市场出售给个人和家庭，也就转为私有住宅。

1.6 什么是回迁房？

回迁房是在拆迁过程中，拆迁人不是以货币方式补助给被拆迁人由被拆迁人自行购买商品房，而是补偿给被拆迁人的享受国家政策的优惠，不含土地转让金，价格相对低廉的住房。

1.7 什么是集资房？

集资房是改变住房建设由国家和单位包的制度，实行政府、单位、个人三方面共同承担，通过筹集资金，进行住房建设的一种房屋。职工个人可按房价全额或部分出资，政府及相关部门对用地、信贷、建材供应、税费等方面给予部分减免。集资所建住房的权属，按出资比例确定。个人按房价全额出资的，拥有全部产权；个人部分出资的，拥有部分产权。

1.8 什么是安居房？

安居房是指实施国家"安居（或康居）工程"而建设的住房（属于经济适用房的一类）。是党和国家安排贷款和地方自筹资金建设的面向广大中低收入家庭，特别是对4平方米以下特困户提供的销售价格低于成本、由政府补贴的非盈利性住房。安居房上市必须具备两方面条件：一是经市房改部门确认的房改住房，而且购房价格按照规定；二是安居房产权必须清晰。

1.9 什么是廉租房？

各省市具有不同的规定。以北京市为例，城镇廉租房是指政府（单位）在住房领域实施社会保障职能，向具有本市非农业常住户口的最低收入家庭和其他需要保障的特殊家庭提供的租金补贴或者以低廉租金配租的具有社会保障性质的普通住宅。廉租住房的实施方式包括租金补贴、实物配租和租金减免。

租金补贴是指政府对住房困难且符合条件的申请家庭按规定标准发放租金补贴,由其到市场上租赁房屋;实物配租是指政府向住房困难且符合条件的申请家庭出租租金低廉且面积适当的普通住房;租金减免是指住房面积达到标准的廉租对象,按相关规定执行新增租金免交的办法。

1.10 什么是普通标准住房?

普通标准住房是 2005 年我国七部委《关于做好稳定住房价格工作的意见》中提出的一个新概念。普通标准住房原则上应同时满足以下条件:

(1) 住宅小区建筑容积率在 1.0 以上;

(2) 单套建筑面积在 120m^2 以下;

(3) 实际成交价格低于同级别土地上住房平均交易价格 1.2 倍以下。

各省、自治区、直辖市可以根据当地的实际情况制定具体的普通住房标准。

1.11 什么是房地产产权?

房地产产权是指房屋所有权和该房屋占用国有土地的使用权,房地产所有者对其所有的房地产享有占用、使用、收益和处分的权利。

1.12 产权证书具体指什么?

产权证书具体指"房屋所有权证"和"土地使用权证"。

1.13 什么是房屋所有权证?

《房屋所有权证》是国家依法保护房屋所有权的合法凭证,是由人民政府房地产行政主管机关核发的具有法律效力的证件。房屋所有权人必须依法到房屋所在地的房地产行政主管机关申请登记领取房屋所有权证。凭证出售、出租房屋。

1.14 房屋产权证书具体包含哪些内容?

房屋产权证书包括以下几方面内容:

产权类别、产权比例、房产坐落地址、产权来源、房屋结构、间数、建筑面积、使用面积、共有数纪要、他项权利纪要和附记,并配有房地产测绘部门的分户房屋平面图。

1.15 什么是产权共有?

双方共有房屋产权是指该房屋的所有权为两个公民或法人共同享有,是一个所有权同时归属两个主体享有的权属状态。根据我国现有的法律规定:共有关系分为按份共有和共同共有两种类型。

由于双方共有房屋产权的共有关系分为按份共有和共同共有两种类型,因此,在处理双方共有房屋产权时也应分为两种情况:

(1) 处理按份共有关系的双方共有房屋产权时,按照两个所有者各自的份额,对房屋享有使用、收益和处分的权利,并且也按份额分担义务。按份共有的双方均有权将自己的份额分出或转让,但任何一方不经他方同意不得擅自处分房屋,且在同等条件下,另一方有优先获得权。

(2) 处理共同共有关系的双方房屋产权时,由于两个所有者对房屋享有平等的所有权,承担共同的义务,在这种关系存续期间,任何一方擅自处分房屋均属无效。当这种关系终止时,按照友好、协商的原则对房屋产权进行处理。有协议的,按照协议进行处理;无协议的,根据等分的原则进行处理,并考虑共有人对房屋的贡献大小,适当照顾共有人生产、生活的实际需要等情况进行处理。

1.16 什么样的商品房可以上市交易?

符合以下条件的商品房均可以上市交易:

(1) 产权证齐全且未在抵押期间；
(2) 不拖欠物业费、供暖费等相关费用；
(3) 有房屋产权证书但在按揭期间的，需要通过转按揭方式交易的商品房。

1.17 哪些经济适用房不可以上市交易？

根据我国《已购公有住房和经济适用住房上市出售管理暂行办法》的规定，已取得合法产权证书的已购公有住房和经济适用住房可以上市出售，但是有下列情形的经济适用房不可以上市交易：

(1) 以低于房改政策规定的价格购买且没有按照规定补足房价款的；
(2) 住房面积超过省、自治区、直辖市人民政府规定的控制标准，或者违反规定利用公款超标准装修，且超标部分未按照规定退回或者补足房价款及装修费用的；
(3) 处于户籍冻结地区并已列入拆迁公告范围内的；
(4) 产权共有的房屋，其他共有人不同意出售的；
(5) 已抵押且未经抵押权人书面同意转让的；
(6) 上市出售后形成新的住房困难的；
(7) 擅自改变房屋使用性质的；
(8) 法律、法规以及县级以上人民政府规定其他不宜出售的。

将不准上市出售的已购公有住房和经济适用住房上市出售的，没收违法所得，并处以10000元以上30000元以下罚款。

1.18 哪些二手房可以上市交易？

根据法律法规规定，可以上市交易的二手房有：
(1) 私房且拥有合法的房屋产权证书；
(2) 已购商品房并已取得合法的房屋产权证书；
(3) 已取得合法的房屋产权证书并经房屋土地管理局批准获

准上市交易资格的已购公房、已购经济适用房。

1.19 哪些二手房不可以上市交易?

凡符合下列条件的二手房均不可以上市交易:
(1) 处于户籍冻结❶地区,并已列入拆迁公告范围内的;
(2) 产权共有的房屋,其中有一方共有人不同意出售该房产的;
(3) 房产已作抵押,且未经抵押权人书面同意转让的;
(4) 擅自改变房屋使用性质的;
(5) 乡产、军产;
(6) 其他法律、法规及县级以上人民政府规定不宜出售的。

1.20 哪些已购公房可以上市交易?

一般来讲,符合下列条件的已购公房均可上市交易:
(1) 有产权证且未在抵押期内;
(2) 不拖欠物业费、取暖费等相关费用;
(3) 原产权单位在原购房协议中未对职工购房后上市出售有特殊限制,如果原购房协议中有特殊限制,需征询原产权单位同意,方可上市出售;
(4) 符合各地的其他规定;
(5) 以低于房改政策的价格购买,按规定补足成本价的。

1.21 哪些已购公房不允许上市出售?

在下列情况下,个人购买的公有住房不得上市出售:
(1) 以低于成本价(标准价)购买的尚未按规定补足房价

---

❶ 户籍冻结,产权需要缓办。缓办的时间长短由户口冻结的时间而决定。派出所对某一地区户口冻结的期限为一年。冻结一年后,如果不办理续冻手续,就自动解冻;派出所对某一地区户口冻结一年,一年后如果需要继续冻结,就办理续冻手续。一年后还需要继续冻结,再办理续冻手续。

款的；

(2) 已经被列入拆迁公告范围的；

(3) 所有权共有的房屋，其他共有人不同意出售的；

(4) 房屋所有权有纠纷的；

(5) 已经抵押并且未经抵押权人书面同意的；

(6) 上市出售后会形成新的住房困难的；

(7) 擅自改变房屋使用性质的，依法被查封或者依法以其他形式限制权属转移的；

(8) 法律、法规以及政府规定的其他情形。

1.22 如何出售经济适用房和已购公房？

根据相关规定，已购公有住房和经济适用住房所有权人要求将已购公有住房和经济适用住房上市出售的，应当向房屋所在地的县级以上人民政府房地产行政主管部门提出申请，并提交下列材料：

(1) 职工已购公有住房和经济适用住房上市出售申请表；

(2) 房屋所有权证书、土地使用权证书或者房地产权证书；

(3) 身份证及户籍证明或者其他有效身份证件；

(4) 同住成年人同意上市出售的书面意见；

(5) 个人拥有部分产权的住房，还应当提供原产权单位在同等条件下保留或者放弃优先购买权的书面意见。

房地产行政主管部门对已购公有住房和经济适用住房所有权人提出的上市出售申请进行审核，并自收到申请之日起十五日内作出是否准予其上市出售的书面意见。

审核通过准予上市的房屋，由买卖当事人向房屋所在地房地产交易管理部门申请办理交易过户手续，如实申报成交价格，并按照规定到有关部门缴纳有关税费和土地收益。然后再按照正常的交易程序进行二手房交易。

1.23 什么是优先购买权？

优先权是指在相同的价款、支付方式、期限等同等条件下优先于他人购买的权利。享有房屋优先购买权的人有：

(1) 房屋共有人。房屋的共有人在出卖自己共有房屋份额时，应事先征得其他共有人的同意，在同等条件下，其他共有人有优先购买的权利。当其他共有人表示不愿购买或不愿按同等条件购买时，共有人可将房屋出卖给他人。否则，其他共有人可请求撤销该房屋买卖合同和赔偿损失。

(2) 房屋承租人。

房屋所有人出卖出租房屋，应提前3个月通知承租人，承租人在同等条件下，享有优先购买权。房屋所有人未按此规定出卖房屋的，承租人可请求人民法院宣告该买卖合同无效。

如果房屋的共有人和承租人同时主张优先购买权时，应先由共有人购买。当共有人表示不购买时，可由承租人优先购买。

1.24 什么是差价换房？

差价换房是指居民将自己租住的不可售公有住房，按协商议定的价格，转让给他人使用，或补贴差价换购商品住房，或与其他居民租住的不可售公有住房互换使用的行为。差价换房应当遵循自愿、公平和有偿的原则。差价换房的价格由当事人双方协商议定。

1.25 差价换房有几种方式？

差价换房可以采取下列方式：

(1) 公有住房承租权与公有住房承租权的交换；

(2) 以公有住房承租权交换商品住房或者其他住房所有权；

(3) 有偿转让公有住房承租权后，购买商品住房或者其他住房。

凡按照《关于出售公有住房的暂行办法》(房改售房方案)可以向承租居民出售，但居民尚未购买的成套独用公有住房(以下简称可售公有住房)，只可以按上述第1种方式交换其他公有住房承租权，不得采取第2、3种方式交换商品住房或其他住房所有权或有偿转让。如需交换商品住房或其他住房所有权的，则必须按《关于可售公有住房上市出售试行办法》规定办理政策购房和上市交易。

凡未纳入《关于出售公有住房的暂行办法》可出售范围的公有住房可以选择上述三种方式进行差价换房。

承租居民之间、承租居民与单位之间公有住房承租权交换或单位之间有偿调拨公有住房承租权的，均应按上述规定方式办理。

1.26 哪些公有住房不得进行差价换房？

不得进行差价交换的公有住房可以分为以下三种情况：

（1）不得进行差价交换的不可售公有住房：包括差价换房造成当事人新的居住困难，即差价交换后，原承租人的人均居住面积应高于规定的解决居民困难标准；承租人进行差价换房前没有取得同住成年人的书面同意；承租人以公有住房承租权交换商品房或其他住房所有权的，所交换的商品房或其他所有权房没有取得房屋产权证。

（2）不得进行差价交换的可售公有住房：包括整幢独用的花园住宅；属部队、宗教团体所有或者在学校校园内的；产权不明晰的；在户籍冻结地区内的；已列入本市危棚简屋改造或者住房成套改造计划的；承租人拖欠租金尚未结清或者有违章搭建尚未处理的；已进入行政处罚程序，或者因纠纷已进入诉讼、仲裁程序的；需要用于落实私房政策的；依法应当由出租人收回的。

（3）不得进行差价交换的售后公有住房：包括以低于房改政策规定的价格购买且没有按照规定补足房款的；住房面积超过省、自治区、直辖市人民政府规定的控制标准，或违反规定利用公款超标准装修，且超标部分没有按照规定退回或补足房价款及装修费用的；产权共有的房屋，其他共有人不同意出售的；已经抵押且没有经过抵押权人的书面同意转让的；上市出售后形成新的居住困难的；擅自改变房屋使用性质的；法律、法规规定的其他不宜出售的。

1.27 进行差价换房，必须注意哪些问题？

（1）差价换房前，应当事先征得同住成年人的同意；
（2）差价换房后，不应造成当事人新的居住困难；
（3）无城镇常住户口的个人不得通过差价换房取得公有住房的承租权。

1.28 什么是按揭？

按揭是英文"mortgage"（抵押）的音译，是指按揭人将房产的产权转让给按揭受益人（通常是指提供贷款的银行），按揭人在还清贷款后，按揭受益人立即将所涉及的房产产权转让给按揭人的行为。

1.29 什么是住房按揭贷款？

住房按揭贷款是住房担保贷款的一种，是指购房者以所购住房作抵押并由其所购买住房的房地产开发企业提供担保的个人住房贷款。

个人住房担保贷款是指借款人或第三人以所购住房和其他具有所有权的财产作为抵押物或质物，或由第三人为其贷款提供保证，并承担连带责任的贷款。借款人到期不能偿还本息的，贷款银行有权依法处理其抵押物或质物，或要求保证人承担连带偿还本息责任。

个人住房抵押贷款是借款人购、建、修住房时以借款人或第三人能够自主支配的房地产作为抵押物，向银行申请一定数额借款的一种贷款方式。借款人到期不能归还贷款本息的，贷款行有权依法处分其抵押的房地产以获清偿。

1.30 什么是二手房转按揭？

二手房转按揭是指对仍处在按揭中的房产进行再次买卖，该房产的买方仍需要通过向银行贷款的方式,来偿还该房产尚未清偿的按揭房款的一种按揭贷款方式。二手房转按揭又分为本行转按揭和跨行转按揭。

1.31 土地出让金是什么?

在土地国有的情况下,国家以土地所有者的身份将土地使用权在一定年限内让与土地使用者,土地使用者一次性或分次支付的一定数额的货币款称为土地出让金。土地出让金的高低与土地的用途、位置和土地出让年限紧密相关。土地出让金一般一次性支付。但有的土地的出让金金额巨大、办理出让手续所需的时间较长,所以也有多次支付的形式。

1.32 什么是印花税?

印花税是对经济活动和经济交往中书立、领受凭证征收的一种税。它是一种兼有行为性质的凭证税,具有征收面广、税赋轻、由纳税人自行购买并粘贴印花税票完成纳税义务等特点。

1.33 什么是营业税?

营业税是对有偿提供应税劳务、转让无形资产和销售不动产的单位和个人,就其营业收入额征收的一种税。

1.34 什么是土地增值税?

土地增值税是为了规范房地产市场交易秩序,适当调节土地增值收益而征收的一种税收。现行的《中华人民共和国土地增值税暂行条例》从1994年1月1日起施行。以出售或者其他方式有偿转让国有土地使用权,地上建筑物(包括地上、地下的各种附属设施)及其附着物(以下简称转让房地产)并取得收入的单位和个人,应当依法缴纳土地增值税。

土地增值税以纳税人转让房地产取得的增值额为计税依据。增值额为纳税人转让房地产取得的收入减除规定扣除项目金额之后的余额。按照《土地增值税暂行条例》的规定,土地增值税实行四级超累税率,即(1)增值额未超过扣除项目金额 50% 的部分,税率为 30%;(2)增值额超过扣除项目金额 50%、未超过扣除项目金额 100% 的部分,税率为 40%;(3)增值额超过扣除项目金额 100%、未超过扣除项目金额 200% 的部分,税率为 50%;(4)增值额超过扣除项目金额 200% 的部分,税率为 60%。

1.35 什么是契税?

为鼓励个人改善住房条件,促进普通住房交易市场的发展,国家规定对个人购买自用普通住宅,暂减半征收契税。在 2005 年房地产业税收政策调整中,从价格、面积、容积率三方面明确了享受优惠政策的普通住房标准。从 2005 年 6 月 1 日起,个人购房的契税优惠政策也按照统一的普通住房标准执行。

第 2 章

房地产中介机构概况

  提起房地产中介机构，人们总是怀着很复杂的情绪，对它是又爱又恨。爱的是房地产中介机构的出现，给生活节奏越来越快的广大老百姓省去了很多麻烦。遍地开花的房地产中介机构为人们提供了大量的房屋信息，买房的人再也不用为了房源而到处奔波；卖房的人也不用为了寻找买家一筹莫展；租赁双方只要通过中介公司就能快速地达成协议，互惠互利，宝贵的时间被节约下来。恨的是良莠不齐的房地产中介机构常常让房地产交易者真假莫辨。防不胜防的黑中介时常扰乱市场秩序，善良的房地产交易者往往在不知不觉中就被坑害，结果是房地产交易者不仅没有享受到优质中介机构带来的便利，反而是"赔了夫人又折兵"，搞得疲惫不堪，闻中介色变。作为普通的房地产交易者，要想在同房地产中介机构打交道的过程中，既能够充分利用中介机构提供的各种便利，又不会落入黑中介的陷阱，真正做到趋利避害，首先就要对这个机构有一个全面的、客观的、充分的了解。也只有对房地产中介机构有了一个较为中性的认识，我们才能在充分利用其信息资源为己服务的同时，不会被不法机构的虚假广告和花言巧语所迷惑。本章将立足于房地产中介机构的基本知识，对什么是房地产中介机构、房地产中介机构的业务组成以及利用房地产中介的便利等所涉及的相关问题做出较为全面的解答。

2.1 什么是房地产中介机构？

一想到房地产中介机构，人们首先想到的是城市街道两边的旺铺、社区住宅的底商，甚至是低矮平房里的小门面以及能说会道的接待人员；然后就是时常散见于各类媒体（电视、广播和报刊）中关于黑中介的报道。这些确实是日常房地产中介机构给人们留下的表面印象。也正是因为房地产中介机构特殊的经营方式和这些粗浅印象，人们往往对其总是持怀疑和负面的评价。其实，只要对中介组织的产生和房地产中介组织的概念有个大致的了解，人们就会发现，对于房地产中介组织的误解其实大可不必！

中介机构在中国自古就有，它是随着小农经济自然演进出来的。比如在农村，在很早以前就存在着叫"牙行"的中介，负责农村集市中黄牛买卖的中介工作，从中获取差价，赚取利润。在城市则有大家熟知的"包打听"。只不过，在经济不发达时期，无论是"牙行"还是"包打听"，都散见于个人，而中介出现有组织的机构还是近代以来各类钱庄、票号出现后才形成的。现代中介组织的发展贯穿于市场经济的产生和发展，它是分工的产物，对市场经济的发展和繁荣起着重要的推动作用。

房地产中介机构就是指在房地产领域从事中介服务的机构，具体说来，就是在房地产领域给买卖双方提供信息服务、评价评估、经纪代理等服务，承担中间介绍职能，以促成购买、出售或出租土地或者房屋产权等市场交易为主要业务内容，赚取佣金的一种经济组织。按照1994年发布的《中华人民共和国城市房地产管理法》中第五十六条的规定，房地产中介机构是房地产咨询机构、房地产价格评估机构、房地产经纪机构等机构的总称。它主要从事的是与房地产中介服务相关的服务，具体包括房地产咨询、房地产评估、房地产经纪等。

2.2 设立房地产中介机构应具备什么条件?

《中华人民共和国城市房地产管理法》对中介服务机构的设置进行了规范,规定房地产中介服务机构应当具备下列条件:

(1) 有自己的名称和组织机构;

(2) 有固定的服务场所;

(3) 有必要的财产和经费;

(4) 有足够数量的专业人员;

(5) 法律、行政法规规定的其他条件。如设立房地产中介服务机构,应当向工商行政管理部门申请设立登记,领取营业执照后,方可开业。

《城市房地产中介服务管理规定》也有类似的规定,指出设立房地产中介服务机构应具备下列条件:

(1) 有自己的名称、组织机构;

(2) 有固定的服务场所;

(3) 有规定数量的财产和经费;

(4) 从事房地产咨询业务的,具有房地产及相关专业中等以上学历、初级以上专业技术职称的人员须占总人数的50%以上;从事房地产评估业务的,须有规定数量的房地产估价师;从事房地产经纪业务的,须有规定数量的房地产经纪人。

跨省、自治区、直辖市从事房地产估价业务的机构,应到该业务发生地省、自治区人民政府建设行政主管部门或者直辖市人民政府房地产行政主管部门备案。

设立房地产中介服务机构,应当向当地的工商行政管理部门申请设立登记。房地产中介服务机构在领取营业执照后的一个月内,应当到登记机关所在地的县级以上人民政府房地产管理部门备案。

作为消费者,首先要对中介机构的机构名称、服务场所、营业执照等进行一定的考察,以免上当受骗。

2.3 房地产中介机构应该遵守哪些义务？

在同房地产中介机构打交道的过程中，了解其必须遵守的义务有助于我们更好地维护自己的合法权利。根据《城市房地产中介服务管理规定》，房地产中介机构必须履行以下义务：

（1）遵守有关的法律、法规和政策。具体包括《城市房地产管理法》、《城市房地产中介服务管理规定》等，只有房地产中介机构能够真正遵守相关法律、法规和政策的规定，广大消费者的权利才能得到很好的保护。

（2）遵守自愿、公平、诚实信用的原则。交易的消费者（公民、法人或者其他组织）有权依照自己的意愿，决定参加不参加房地产中介服务活动、是否进行交易、按照怎样的价格进行交易。房地产中介机构不能强卖强买，违背消费者的意志促成交易。

（3）按照核准的业务范围从事经营活动。房地产中介机构不能超范围营业，消费者有权拒绝超范围营业的房地产中介机构。

（4）按规定标准收取费用。房地产中介机构的收费不能超过法律规定的标准，对于不符合此规定的中介机构，消费者有权拒缴费用，并可以向有关部门举报。

（5）依法交纳税费。纳税是每个公民应尽的义务，作为具有独立法人资格的经济组织，房地产中介机构应该依法交纳税费。

（6）接受行业主管部门及其他有关部门的指导、监督和检查。当发现中介机构存在不法行为时，消费者可以通过向有关部门举报的方式维护自身的合法权益。

2.4 房地产中介机构的主管部门有哪些？

根据《城市房地产中介服务管理规定》，房地产中介机构主要由建设行政主管部门管理，具体来讲，国务院建设行政主管部门管理全国房地产中介服务工作。省、自治区建设行政主管部门归口管理本行政区域内的房地产中介服务工作。直辖市、市、县人民政府房地产行政主管部门管理本行政区域内的房地产中介服务工作。

当发现中介机构侵犯了自身的合法权益时，消费者可以通过向房地产中介机构上级主管部门举报来维护自身的合法权益。

2.5 房地产中介机构一般是如何收取中介服务费用的？

虽然由于提供的服务内容和质量不同，不同的房地产中介机构的收费可以各不相同，但是它必须符合国家有关部门对中介机构收费额度的具体规定。当消费者与房地产中介机构打交道的时候，可以根据这些具体规定来大致评判其收费是否合理。

根据国家计委、建设部联合发出的《关于房地产中介服务收费的通知》，房地产中介服务收费实行明码标价制度。中介服务机构应当在其经营场所或交缴费用的地点的醒目位置公布其收费项目、服务内容、计费方法、收费标准等事项。房地产中介服务机构在接受消费者委托时应当主动向消费者介绍有关中介服务的价格及服务内容等情况。《城市房地产中介服务管理规定》也指出，房地产中介服务费用由房地产中介服务机构统一收取，房地产中介服务机构收取费用应当开具发票，依法纳税。

按照房地产中介机构所提供服务种类的不同，其收费一般可以分为：房地产咨询费，房地产价格评估费，房地产经纪费三类。

房地产咨询费，按服务形式可以分口头咨询费和书面咨询费两种。口头咨询费没有明确的收费标准，一般是按服务所需时间，结合咨询人员专业技术等级由双方协商议定收费标准。书面咨询费，一般按照咨询报告的技术难度、工作繁简结合标的额大小来计收。对于普通难度的，一般每份收费在300元至1000元，内容较为复杂的，可适当提高收费标准，但提高幅度不应超过咨询标的额的0.5%。

房地产价格评估费，一般可分为房产评估收费和土地评估收费。以房产为主的房产价格评估费，区别不同情况，按照房产的价格总额采取差额定率分档累进计收,其累进额一般由双方议定。土地价格评估的收费标准,按国家计委、国家土地管理局《关于土地价格评估收费的通知》的有关规定执行。

房地产经纪费,根据其代理项目的不同,实行不同的收费标准。房屋租赁代理收费,无论成交的租赁期限长短,均按半月至一月成交租金额标准。房屋买卖代理收费,按成交价格总额的0.5%至2.5%计收。实行独家代理的,收费标准可适当提高,但不应超过成交价格的3%。

其中,房地产咨询收费标准是指导性参考价格,也就是说中介机构可以突破这个规定。而房地产价格评估,房地产经纪收费为最高限额标准,对经济特区的收费标准可适当提高一些,但不得超过上述标准的30%。

2.6 房地产中介合同应该包含哪些内容?

房地产中介合同是明确当事人双方的权利义务最为重要的依据。消费者接受中介机构服务时,必须签订中介合同,这样才能更好地维护自身利益。签订合同时,为保证合同的合法有效,根据《城市房地产中介服务管理规定》第17条的规定,它应当包括以下主要内容:

(1) 当事人姓名或者名称、住所

一方面,作为委托人的个人、家庭或者单位要如实填写自己的信息。当个人(自然人)或家庭作为委托人时,应在中介服务合同上填写姓名、住址、联系电话、年龄、职务等信息,当委托人是企事业单位、社会团体或其他社会组织时,则要填明其名称、地址、电话、法定代表人等事项。值得注意的是,不管是个人还是单位在填写姓名等事项时要与户口本、身份证上或者其他法定证件的相一致;这样在权利受损时才能够得到必要保护。另一方面,必须保证房地产中介服务机构写清自己的名称、地址、电话、法定代表人及法定代表人的年龄、职务、性别等事项。这样在权利受损时可以很方便地找到相应责任人,维护委托人的权利。

(2) 中介服务项目的名称、内容、要求和标准

这是房地产中介合同的中心条款，它体现了作为消费者的委托人的订约目的和要求，也是确定中介服务机构所提供服务是否达到要求的主要依据。在当事双方发生纠纷时，它是检验合同履行情况的重要法律依据，是确定双方责任的重要工具。因此，这部分内容是双方当事人必须重视的地方，在签订的时候，应该尽量清楚、详细和具体。对于广大消费者来说尤其如此，要十分注意推敲这部分条款的用语，防止一些不法机构利用欺诈条款损害消费者自身合法利益，如果有必要可以求助于专业律师。

具体说来，首先，项目名称要分清是信息咨询业务、价值评估业务还是经纪代理业务，如果属于综合性的委托，则写明是"房地产咨询、评估、经纪代理合同"。其次要明确代理事项的具体名称，如"某某住宅的代理销售合同"、"某某大厦的价值评估合同"等。再次，双方委托办理的业务内容要明确，比如在咨询业中涉及到哪方面的咨询，提供服务的具体标的、服务方式、服务价格等。最后，对于委托业务的具体要求和标准，合同应当具体详细地进行说明，比如物业价值评估中的精确程度，所提供可选择的租赁房屋的数量和质量等。

(3) 合同履行期限

合同履行期限是房地产中介服务合同权利人实现权利和义务人履行义务的时间限度。在确定合同何时履行、违约与否时，它是十分重要的标准之一，因而它对当事人有很重要的意义。如果合同条款中没有履行期限的条款，又不能通过其他方法明确必要的期限条件时，合同即不能成立。因而消费者要防止由于这点疏忽导致合同不能成立，进而不能维护自身合法权利。

(4) 收费金额和支付方式、时间

这项条款主要是从房地产中介服务机构立场出发，保护其依法获得相应报酬的权利。它实际上是从法律上确认了委托人应当支付的金额。虽然房地产中介服务收费实行明码标价制度，绝大

多数中介服务都是严格按照国家有关规定收费的,但是在接受中介服务的过程中,作为委托者的消费者,还是应当和房地产中介机构就中介报酬或咨询费、评估费等的付款方式及时间达成一致的协议,并按照要求清楚、详细、具体地规定在合同中。这样在客观上维护中介机构权利的同时,也能够有效地防止中介机构乱收费、事后提价等不法行为的出现。

(5) 违约责任和纠纷解决方式

违约责任是违反房地产中介服务合同的当事人应承担的民事责任。合同中明确规定违约责任,有利于督促当事人自觉履行合同,有利于确定违反房地产中介合同的当事人应承担的责任,有利于纠纷的解决和保护非违约方的合法权益。虽然违约责任是针对双方当事人,而不是仅仅对一方当事人而言的。但是对于处于相对弱势地位的消费者而言,这条有利于其自身利益的维护。

纠纷解决方式是指房地产中介服务合同双方当事人发生争议的解决渠道。纠纷的解决方式一般有四种,即协商解决、调解解决、仲裁解决和诉讼解决。在履行合同时,由于种种原因,有时发生纠纷是难免的,在产生纠纷以前,双方当事人就解决纠纷的方式达成一致的意见,有利于纠纷的合理解决。

(6) 当事人约定的其他内容

当事人双方认为其他有必要的事项,只要不违反有关法律的规定,也可以在充分协商的基础上在合同中加以确定。

2.7 房地产中介机构与房地产企业有什么不同?

对于绝大多数房地产交易者来说,常常会把房地产中介机构与房地产开发企业混淆起来,甚至认为房地产中介机构就是房地产开发企业的代言人。这种想法的产生,与房地产中介机构在产生之初,往往就是依托于房地产企业而存在这一客观事实是分不开的。国内许多著名的房地产中介机构其前身都是大型房地产开发公司下属部门。但是随着房地产市场的日益规范,房地产中介市场也日益成熟起来,许多房地产中介公司也按照市场的要求,脱离房地产开发公司作为一个独立的中介机构而存在，从而真正发挥中介机构在市场交易中提供中介服务的功能。对于广大房地产交易者而言，要想更好地享受房地产中介公司所提供的各种服务，认识房地产中介机构与房地产企业的不同显得尤为重要。

首先，房地产中介机构主要是提供房地产相关信息以及由此所衍生出来的其他诸如评估和咨询等与信息相关的服务，它不像房地产开发企业那样提供客观存在的商品（住宅、写字楼等）。在市场环节中，房地产中介机构既不是卖家也不是买家，而是沟通双方的桥梁。它既不占有交易所需的商品也不占有资金，在整个交易过程中，它只能够作为信息的提供方而存在，可以促成交易的进行，但是绝对不具有左右交易进行的权利。因而，对于房地产中介机构而言，买方和卖方都是处于同等地位的顾客，它与房地产交易者不是卖者与买者之间的关系，而是中介者与委托者的关系。

其次，因为不占有商品（住宅、写字楼等），房地产中介机构并不参与到房地产前期的开发经营过程之中，它也不像房地产开发企业那样依靠生产商品（住宅、写字楼等）、买卖商品（住宅、写字楼等），最后通过商品（住宅、写字楼等）价值的实现来获取利润。房地产中介机构主要是依靠自身强大的信息网络和自身人力资源的专业知识，通过对房地产相关信息的搜集和整理，为房地产业相关主体提供服务，并以此收取佣金维持发展。因此有人也把房地产中介机构比作"无本买卖"。虽然房地产中介机构并非无本买卖❶，但是相对于房地产开发企业而言，它对资金投入要求确实相对较低，专业化程度和现代化程度也相对较低。

最后，相对于房地产开发企业，房地产中介机构更具有灵活性，其专业化分工更加明确。从灵活性上来说，因为房地产中介服务进入门槛较低，所以房地产中介机构成立和运营更加的简

---

❶ 它实际上是通过付出信息搜寻的成本，提供信息服务，收取服务费用，获取了信息增值的利润。

单。这也是为什么非法的房地产中介机构比房地产开发企业更为猖獗的重要原因。从专业化分工上来说，因为房地产中介服务主要是依靠房地产信息和专业人员的专业知识，按照提供信息和知识的不同，其市场更加细分，从这个角度来说，房地产交易者在委托房地产中介机构之前，对其专业特长进行深入了解显得尤为必要。

2.8 房地产中介机构从业人员需要哪些条件？

房地产中介服务人员，顾名思义，是指隶属于中介服务机构，从事房地产中介服务的人员。房地产中介机构由于其专业性，对其从业人员有特定的要求，消费者选择房地产中介机构的时候，应当注意考察其从业人员的具体资质。

根据《城市房地产中介服务管理规定》，从事房地产咨询业务的人员，必须是具有房地产及相关专业中等以上学历，有与房地产咨询业务相关的初级以上专业技术职称并取得考试合格证书的专业技术人员。

国家实行房地产价格评估人员资格认证制度。房地产价格评估人员分为房地产估价师和房地产估价员两类。由于中国实行房地产价格评估人员资格认证制度。房地产估价师必须是经国家统一考试、执业资格认证，取得《房地产估价师执业资格证书》，并经注册登记取得《房地产估价师注册证》的人员。未取得《房地产估价师注册证》的人员，不得以房地产估价师的名义从事房地产估价业务。房地产估价员必须是经过考试并取得《房地产估价员岗位合格证》的人员。未取得《房地产估价员岗位合格证》的人员，不得从事房地产估价业务。

从事房地产经纪业务的人员，必须是经过考试、注册并取得《房地产经纪人资格证》的人员。未取得《房地产经纪人资格证》的人员，不得从事房地产经纪业务。

严禁伪造、涂改、转让《房地产估价师执业资格证书》、《房地产估价师注册证》、《房地产估价员岗位合格证》、《房地产经纪人资格证》。遗失《房地产估价师执业资格证书》、《房地产估价师注册证》、《房地产估价员岗位合格证》、《房地产经纪人资格证》的,应当向原发证机关申请补发。

2.9 房地产中介机构从业人员不得有哪些行为?

国家对房地产中介机构从业人员行为具有严格规定,如果房地产中介服务人员在房地产中介活动中有下列行为,当事人可以依法向有关部门提出申述,利益受损的可以要求赔偿:

(1) 索取、收受委托合同以外的酬金或其他财物。中介机构从业人员的酬金一般由中介机构支付,或者通过委托合同加以确定,从业人员不得以任何理由索取合同以外的酬金或者财物。

(2) 利用工作之便,牟取其他不正当的利益。

(3) 允许他人以自己的名义从事房地产中介业务。

(4) 同时在两个或两个以上中介服务机构执行业务。

(5) 与一方当事人串通损害另一方当事人利益。

(6) 房地产中介服务人员与委托人有利害关系,而不事先回避的。

2.10 房地产经纪人的合法权利有哪些,消费者不能任意损害?

在与房地产中介机构打交道的过程中,维护自身合法权利不受伤害是消费者应当首先关注的,但是与此同时,也不能为此而损害到中介机构及其从业人员的合法权利,那么在同房地产经纪人合作的过程中,哪些是其合法权利,消费者不能任意践踏呢?

(1) 房地产经纪人享有在法律法规允许的范围内开展经纪活动的权利。消费者不能为了一己之私就妨碍经纪人各项合法权利的行使。比如有的房屋租赁方为了达到低价租赁某个房屋的目的,就千方百计地给房地产经纪人促进其委托方和房屋出租方交易设置障碍等,这样的行为就损害到了房地产经纪人正常开展经纪活动的权利，是法律所不允许的。

（2）房地产经纪人有依照合同的约定获取合法佣金，并依据合同要求当事人支付在经纪活动中开支的费用，包括差旅费、食宿费、交通费、电话费、保管费、商品检验费等的权利。佣金标准和各项成本费用的具体项目和标准一般在经纪活动中事先通过合同的形式约定；如果消费者因为不满意服务而擅自不支付约定的佣金，则经纪人有权通过法律方式获得其合法佣金。

（3）当委托人故意隐瞒事实真相或有欺诈行为时，房地产经纪人有拒绝为其提供服务的权利，但是在终止服务前必须尽到告知义务，给委托人以足够的准备时间以免造成其不必要的损失。因此，为了促进交易的顺利进行，委托人应该尽可能地将信息告知经纪人，绝对不能采取欺骗等不良手段获取不当利益。

（4）当发现委托人对所承诺的合同条款不具有履行能力时，房地产经纪人有终止经纪活动的权利。作为委托人在签订合同的时候，不能为了达到尽快完成交易的目的，而给经纪人许以过高的承诺，以免由于不能履行而遭受不必要的损失。

2.11 什么样的房地产中介机构才是合法的？

对于广大的房地产交易者来说，选择房地产中介机构至关重要，一个好的房地产中介机构是优质中介服务的保障。但是好与坏并没有绝对的标准，没有大量的实践经验很难加以辨别。但是，对于初次接受中介服务的房地产交易者来说，选择一个合法的房地产中介机构可能会更加容易，也更具可操作性。合法经营的中介机构是构成良好中介服务的前提条件。虽然并不是所有合法的房地产中介机构都能提供优质的中介服务，但是它至少能够在最低限度上保证交易者的基本权利不被损害，或者即使在权利受到损害之后也能通过法律手段追回损失。

按照《中华人民共和国城市房地产管理法》第五十七条的规定，房地产中介服务机构应当向工商行政管理部门申请设立登记，领取营业执照后，方可开业。除此之外还应当具备下列条件：
(1) 有自己的名称和组织机构；
(2) 有固定的服务场所；
(3) 有必要的财产和经费；
(4) 有足够数量的专业人员；
(5) 法律、行政法规规定的其他条件。

因此，没有按照法定程序成立的房地产中介机构和没有按照经营范围营业的房地产中介机构，都可以称作是非法的房地产中介机构。鉴别非法的房地产中介机构要看其是不是依照法定程序成立的，是不是依法经营的。可以按照以下顺序进行鉴别：

(1) 它是否具有由工商行政管理部门颁发的营业执照。其所持有的营业执照规定的营业范围是不是中介服务。

(2) 是否具有自己的名称和组织机构。如果有些中介机构在未经许可的情况下借用其他机构的名称那么就一定是非法的。

(3) 是否有固定的服务场所。那些没有固定场所的中介机构往往是非法的。

(4) 是否有必要的财产和经费。这些资料可以从营业执照上获取，也可以通过实地考察进行简单的判断。

(5) 是否有足够数量的专业人员。要查看它的专业工作人员是否具有相应的国家认可的资格证书，比如房地产估价师证书、房地产经纪人证书等。

(6) 其营业范围是否合法。一般服务范围特定的专业中介机构不能跨范围营业，比如专业从事房地产咨询的中介机构，就不能够从事房地产评估工作，反之亦然。

(7) 提供中介服务是否明码标价。根据国家计委、建设部联合发出的《关于房地产中介服务收费的通知》，房地产中介服务收费实行明码标价制度，中介服务机构应当在其经营场所或交费地点的醒目位置公布其收费项目、服务内容、计费方法、收费标准等事项。没有明码标价的中介机构很可能就是非法的中介机构。

需要提醒大家注意的是，建设部 2001 年修正后的《城市房地产中介服务管理规定》也对中介机构的设立规定了相似的条件，只是在第十一条第四款对不同类别的房地产中介机构进行了更为详尽的规定。规定要求：从事房地产咨询业务的，具有房地产及相关专业中等以上学历、初级以上专业职称人员须占总人数的 50% 以上，从事房地产评估业务的，须有规定数量的房地产估价师；从事房地产经纪业务的，须有规定数量的房地产经纪人。

根据上述规定，交易者在选择房地产中介机构的时候，首先应该看该中介机构是否具有工商行政部门颁发的营业执照。然后再对条例规定的五个要件进行——审核，一般来说，着重看该机构是否具备一套较为健全的组织机构、其办公服务场所是否固定、是否具有相当数量的专业人员。必要的话可以要求该中介机构出示相应的证明（比如专业人员的从业资格证书）。尤其对于专业的评估机构还要检查其从业资质是否符合对本业务的评估能力❶。

2.12 房地产中介机构应遵守哪些义务？

在同房地产中介机构打交道的过程中，了解了哪些是其必须遵守的义务，就有助于我们更好地维护自己的权利。

根据《城市房地产中介服务管理规定》，房地产中介机构必须履行以下义务：(1)遵守有关的法律、法规和政策。具体包括《城市房地产管理法》、《城市房地产中介服务管理规定》等，只有房地产中介机构能够真正遵守相关法律、法规和政策的规定，广大当事人的权利才能得到很好的保护。(2)遵守自愿、公平、诚实信用的原则。强调的是交易的当事人（公民、法人或者其他组织）有权依照自己的意愿，决定参加不参加房地产中介服务活

---

❶ 专业的房地产评估机构分为三级，按照不同资质具有不同服务范围，具体内容将会在后面章节中介绍。

动、是否进行交易、按照怎样的价格进行交易。房地产中介机构不能强卖强买，违背当事人的意志促成交易。(3)按照核准的业务范围从事经营活动。房地产中介机构不能超范围营业，当事人有权拒绝超范围营业的房地产中介机构。(4)按规定标准收取费用。房地产中介机构的收费不能超过法律规定的标准，对于不符合此规定的中介机构，当事人有权拒缴费用，并可以向有关部门举报。(5)接受行业主管部门及其他有关部门的指导、监督和检查。当发现中介机构存在不法行为时，当事人可以通过向有关部门举报的方式维护自身的合法权利。

2.13　房地产中介机构常见的违规违法行为有哪些？

目前，我国对房地产中介服务管理还缺乏全国性的、具体统一的法律规范。从实际操作看，一般情况下，房地产中介服务机构接受委托后，委托人都要与之签订相应的中介服务合同。这类合同大多是中介服务机构提供的格式合同，条款内容包括：消费者姓名或名称、住所，中介服务项目的名称、内容、要求和标准；合同履行期限；收费金额和支付方式、时间；违约责任和解决纠纷方式；消费者约定的其他内容。按惯例，房地产中介服务人员不能以个人名义接受委托，必须由其所在中介机构统一受理委托，签订书面中介服务合同。

尽管人们的法律意识普遍增强，在接受房地产中介服务时，都具有订立合同的意识。但是由于欠缺统一管理，以及中介机构私欲的膨胀，一些中介机构和人员"浑水摸鱼"，乘机规避法律，扰乱整个中介市场的秩序，各种违规甚至违法行为正日益引起人们的普遍关注。具体而言，中介违规行为包括：

(1) 不具备资质条件的无证无照经营；

(2) 非法转让、租借执业证书，允许他人以自己的名义从事房地产中介业务；

(3) 同时在两个或两个以上中介服务机构执行业务；

(4) 索取收受委托合同以外的酬金或其他财物，或者利用工作之便牟取其他不正当的利益；

（5）私拿"回扣"，实行低价格恶性竞争；

（6）与一方消费者串通，损害另一方消费者利益；

（7）利用内幕信息，与自己或有利害关系的人交易；

（8）发布虚假或不实信息欺诈消费者；

（9）利用职业便利"炒房"，从中非法赚取差价；

（10）执业过程中存在过错或重大过失，给消费者造成巨大损失；

（11）法律、法规禁止的其他行为。

所以在与中介打交道的时候，消费者一定要擦亮眼睛，避免上当受骗，蒙受不必要的损失。

2.14 房地产中介机构的主管部门有哪些？

房地产中介机构主要由建设行政主管部门管理，按照级别不同管理范围不同。国务院建设行政主管部门管理全国房地产中介服务工作。省、自治区建设行政主管部门归口管理本行政区域内的房地产中介服务工作。直辖市、市、县人民政府房地产行政主管部门管理本行政区域内的房地产中介服务工作。

2.15 对于房地产中介服务违规违法行为，法律法规是如何进行处罚的？

根据《城市房地产中介服务管理规定》第二十三条规定："因房地产中介服务人员过失，给消费者造成经济损失的，由所在中介服务机构承担赔偿责任。所在中介服务机构可以对有关人员追偿。"

具体的处罚规定，在第二十四条加以明确："有下列行为之一的，由直辖市、市、县人民政府房地产管理部门会同有关部门对责任者给予处罚：

（一）未取得房地产中介资格擅自从事房地产中介业务的，责令停止房地产中介业务，并可处以1万元以上3万元以下的罚款；

（二）违反本规定第九条第一款❶规定的，收回资格证书或者公告资格证书作废，并可处以1万元以下的罚款；

（三）违反本规定第二十一条❷规定的，收回资格证书或公告资格证书作废，并可处以1万元以上3万元以下的罚款；

（四）超过营业范围从事房地产中介活动的，处以1万元以上3万元以下的罚款。"

第二十五条规定："因委托人的原因，给房地产中介服务机构或人员造成经济损失的，委托人应当承担赔偿责任。"

第二十六条规定："房地产中介服务人员违反本规定，构成犯罪的，依法追究刑事责任。"

第二十七条规定："房地产管理部门工作人员在房地产中介服务管理中以权谋私、贪污受贿的，依法给予行政处分；构成犯罪的，依法追究刑事责任。"

建设部等国家七部委联手整顿房地产市场的通知中，对中介违法违规行为也规定了"收回资格证书或公告资格证书作废，并处1万元以下的罚款；构成犯罪的，依法追究刑事责任"。

由此可见，对于中介违规行为，相关法规主张刑事责任、行政责任、民事责任三者并举已达成共识。

2.16 如何挑选中介公司？

在了解如何鉴别非法房地产中介机构之后，作为消费者的我们最重要的工作就是根据自己的需要挑选适合我们的中介公司。

---

❶ 第九条第一款规定：严禁伪造、涂改、转让《房地产估价师执业资格证书》、《房地产估价师注册证》、《房地产估价员岗位合格证》、《房地产经纪人资格证》。

❷ 第二十一条规定：房地产中介服务人员在房地产中介活动中不得有下列行为：（一）索取、收受委托合同以外的酬金或其他财物，或者利用工作之便，牟取其他不正当的利益；（二）允许他人以自己的名义从事房地产中介业务；（三）同时在两个或两个以上中介服务机构执行业务；（四）与一方当事人串通损害另一方当事人利益；（五）法律、法规禁止的其他行为。

如何在多如牛毛的中介公司中找到一家有资质、讲信誉、服务好、靠得住的呢？一般来说，考察中介公司是否有资质、讲信誉、服务好、靠得住，需要从有关资质资格证件、门面装修、服务水平和规范程度等几个方面来综合评定。

(1) 房地产中介公司的资质

房地产中介公司的资质包括两个方面：一是是否具备从事中介服务的资质，二是是否具备特定服务范围的资质。无论了解房地产中介公司哪一方面的资质，都首先要看房屋中介公司是否在经营场所中的明显位置悬挂《工商营业执照》、《税务登记证》证件，其从业人员是否具有相关的从业资格证书，只有具有国家颁发的房屋中介公司资质的机构才具有从事房屋中介服务的资格。其次，消费者要着重看清该中介机构的服务范围是什么，比如看其是综合性的中介机构还是专业性的中介机构（咨询、经纪还是评估）。对于那些专业性的中介机构，我们应当只向其委托其业务范围之内的工作。

除此之外，在具备条件的情况下，消费者还可以从以下几个方面具体判断房屋中介公司的资质好坏程度：该房地产中介机构是否具备市或区房地产经纪人协会的会员资格；是否具备房地产估价师协会的会员资格；是否能为客户提供公积金、商业贷款等，一般说来，一个中介公司具备上述的资格越多，资质就越可靠。

(2) 房地产中介公司的规模和历史

在挑选房地产中介公司的时候，应该尽可能地挑选那些规模大、实力强的房地产中介公司，因为对于消费者来说，中介公司的规模越大，其实力也就越雄厚，一般说来其业务操作程序也越规范。而且规模大的公司，提供的服务种类和个性化的服务也相对丰富，可供选择的余地自然更大。而规模大、实力强的房地产中介公司，一般都具备地理位置较为优越、门面装修整洁、企业标识清晰显眼、办公场地较为宽敞、员工的数量较多、硬件设施比较完善等特点。那些特大型的中介公司，一般采取连锁经营的方式，分布于不同的城市、不同地区，在同等条件下，消费者可以考虑尽可能地选择这样的公司。

房地产中介公司的历史也是一个需要考察的方面，一方面历史较长的公司，相对来说业务经验较为丰富，能够提供比其他公司更为优质的服务，另一方面，相对于那些没有历史的公司来说，历史长的公司可以通过查找到其以往业绩来了解其信誉状况。因此，在尽量选择历史较长，经验比较丰富的中介公司。

(3) 房屋中介公司的品牌和信誉

虽然相对于前面提到的资质和规模，房地产中介公司的品牌和信誉更多地是属于软实力，但是这两个软实力实际上是中介公司服务能力和水平的积累，房屋中介公司的品牌和信誉来自于社会对它的肯定。凡是知名度较高的房屋中介公司，都有较严格的内部管理机制、完备的交易制度、言出必行、信守合同。在选择中介公司的时候，应当作为重点考察内容。

考察房地产中介公司的品牌和信誉，可以采取向其他消费者了解、从消费者协会获得相应信息、主管部门发布的信息、聆听该公司自身的介绍四个主要渠道。由于品牌和信誉主要来自于社会的肯定，因而广大消费者的口碑是很重要的参考依据，要想获得这些信息，可以登录一些国内较为有名的专业网站的论坛了解。而通过消协和主管部门，我们可以较为轻松地获得该中介机构被投诉状况，以此获得我们判断的重要依据。至于公司自身介绍，虽然不可避免会出现"王婆卖瓜、自卖自夸"的情况，但是只要消费者仔细去辨别，仍然可以获得许多有效的信息。

(4) 房屋中介公司的服务水准

房地产中介公司的服务水准是直接关系到消费者满意度的一项指标，不同的服务水准必然会带来不同的消费者满意度，如何在同类资质、品牌、规模的公司中寻找高服务水准的房地产中介公司，对大众消费者来说极其重要。

服务水准的高低主要体现在从业人员的素质高低上，一般来说，服务水准较高的房屋中介公司，其从业人员服务态度热情，受过与房地产中介相关的专业培训,具有丰富的专业知识,而且能够为消费者提供投资置业的咨询。

(5) 房地产中介公司的规范程度和收费情况

房地产中介公司的规范程度也是选择一个房地产中介公司的重要考察指标,一般情况下,正规的房地产中介公司都有一套规范的服务规范,其从业会严格地按照服务规范提供相应的服务,同时公司还会通过各类业务流程登记表、租赁双方档案管理等形式,从房源委托登记、房客信息推介、租赁意向协调、价格评估方案、签订合同等方面提供全方位规范的服务。

房地产中介公司的收费水平是否规范也是选择时需要重点考虑的,一般来说,正规的房地产中介公司的收费都会遵循"公平、公正、公开"的原则,按照国家相关政策明码标价,按标准收费,不得赚取额外差价,并按规定提供正式发票。如何判断收费是否合理将在后文详细介绍。

2.17 消费者在和房地产中介机构合作时,应该注意哪些问题?

在选择了一家比较合适的房地产中介机构之后,消费者就要开始正式地同该机构发生业务上的往来,为了促进合作的顺利进行,在保障自身利益不受侵犯的前提下,消费者在合作过程中应当注意以下几个问题:

(1) 本着信任的精神与房地产中介公司合作

虽然目前房地产中介公司普遍存在着声誉不甚理想的状况,但是作为消费者而言,在经过仔细甄选之后,还是应当本着信任的精神,不带偏见地与中介公司合作。只有这样房地产中介公司才能站在平等的地位上提供给消费者较为良好的服务。一味的怀疑和刁难可能会破坏合作的气氛,最终导致交易的失败,受损失最大的还是消费者本人。

(2) 积极与房地产中介公司配合,主动告知服务要求

在与房地产中介公司打交道的时候,消费者应当积极与房地

产中介公司配合，不应该采取抵触和怀疑的态度，主动地告知自己的服务要求，尽可能的详细和具体，这样中介公司才能更好地提供相应的服务。比如想通过中介出租房屋，在办理委托之前，就应该主动地将自己认为的最合理的租金价格告诉中介公司，并听取其意见。

（3）在一些较为专业的环节，适当谋求专业人士帮助

签订委托合同是在与房地产中介机构打交道的过程中较为重要的一环，而对于绝大多数消费者来说，签订合同的法律程序和合同的内容过于专业，这个时候如果能够求助于相关的专业人士，比如律师和其他业内人士的时候，就能够达到事半功倍的效果。

（4）在缴费之后，一定要索要正式发票和其他凭据

发票是合同之外另一个重要的证明材料。缴费之后，索要发票可以保证自己的合法权利。在索要发票时，首先要查看中介机构的公章是否清楚可辨，是否存在着造假的可能。其次可以进一步地查看其所盖的公章、财务章是否与该公司的字号、名称等相符。如果不相符，一定不要签字，并可以拒绝其提供的服务。索取正式发票和其他凭据之后要加以妥善保管，当自身利益受到损害时，可以作为投诉的凭据。

（5）不要做不符合中介服务准则的行为

在求助中介服务的过程中，绕开中介机构与第三者签订协议，是不符合中介服务准则的做法，它不仅损害了中介机构自身的利益，而且还会对消费者造成潜在的伤害。因为当出现各种纠纷的时候，消费者的利益往往很难得到保护。

（6）要用法律的武器来解决纠纷

当和房地产中介机构发生纠纷之后，不要尝试着使用暴力等不合适的解决方式，而应当学会运用法律保护自己的合法权益。如果在和中介公司合作过程中利益受损，既可以立即到工商部门或房管局部门投诉，也可以向当地的消费者权益保护协会投诉，如果解决不成还可以诉诸法律，起诉该机构。

2.18 如何识破黑中介的行骗伎俩？

虽然从事不同业务的房地产黑中介其行骗方式不同，但是常用的手段基本上有以下几类：

手段一：采用各种方式模仿知名中介

黑中介往往通过将自己的品牌在名称、设计、颜色、LOGO等方面有意模仿知名公司，更有甚者直接使用知名公司的品牌，来达到鱼目混珠的效果，利用这些知名公司的品牌知名度和影响力，让消费者在不知不觉中放松应有的警惕，结果必然是上当受骗。

手段二：过于诱人的价格误导顾客

黑中介尤其是从事经纪业务的黑中介，往往是通过十分诱人的价格吸引顾客，往往让顾客感觉自己占了极大的便宜。而与此同时，他们往往在没有提供经纪服务以前，要求顾客预先交纳较高的中介费用，然后就会通过各种手段来阻止交易的完成，让顾客主动放弃交易，最终达到侵吞中介款的目的。

手段三：以不择手段获取资料为目的

有些黑中介并不以促成经纪业务或者咨询业务为主要目的，而是通过和客户接触，来获得客户的房源等信息，却并不提供客户真正需要的服务。虽然客户可能不会受到经济上的损失，但可能因此耗费大量的时间成本，甚至丧失很多交易机会。

手段四：采用不平等格式合同来损害顾客利益

很多黑中介都会利用绝大多数消费者不具备相应法律知识的现状，在合同格式上做手脚，以达到损害顾客利益，赚取非法利润的目的。一般情况下，最好的办法是不要使用房屋中介机构的格式合同。在签订代理协议过程中，要逐条逐句进行推敲，对一些意思表达模糊、容易产生纠纷的一定要要求中介机构加以改正。如果需要补充一些条款，一定要落实在文字上，并请其在上面加盖公司公章，做到有案可查，以免发生争议时无凭无据，给日后的索赔带来不必要的麻烦。

2.19 怎样防范房地产黑中介？

黑中介花样百出，让人防不胜防，但是只要从总体上对其特征进行把握，然后有针对性地进行防范，就能减少上当受骗的几率。本书将在以后的各章中针对不同的骗局讲述应对方法，这里简要地介绍一些防范房地产黑中介的原则和方法：

（1）要查验其营业执照、房地产经纪机构或分支机构备案证书、房地产经纪从业人员资格证书。只有这些执照证书齐全，才有可能不是黑中介。而根据有关规定，上述证照均应在经营场所公示，如果该机构没有公示，消费者有权要求其出示，如果不予出示，则很可能就是黑中介。

（2）在签订合同的时候，推荐使用建设（房管）、工商等部门制定的合同示范文本，这样可以有效防止黑中介利用合同条款欺骗消费者行为的发生。在签订合同时要求承办的执业经纪人在合同上签字并注明资格证书编号，这样一方面消费者可以及时通过资格证书编号进行防伪确认，防止上当受骗，另一方面，即使利益受损，也可以通过编号找到经纪人。

（3）充分利用银行金融中介的作用。无论是将房屋委托房地产经纪机构代理出租，还是通过房地产经纪机构租房等业务，当出现现金收付时，应当委托银行进行。因为一方面缴纳了保证金、通过指定银行从事房屋租赁代理业务的房地产经纪机构，其信誉一般也较好。另一方面，通过银行收付租金等可以防止黑中介携款潜逃的事情发生。

（4）在从事房屋买卖业务时，在与房地产经纪机构签订房地产经纪合同时，应明确房屋成交价及佣金标准，达成意向后应坚持买卖双方见面并签订房屋买卖合同。这样可以有效防止中介机构非法从中吃差价。

（5）还可以通过一些省市主管部门的房地产交易管理网，来查验房地产经纪信用档案，在充分了解情况后再和那些信誉过硬的房地产中介机构接洽经纪业务。这样就让黑中介没有可乘之机。

第3章 房地产经纪机构

在日常生活中,市民经常性地在出(求)租房屋、买卖二手房时与房地产中介打交道,而这些经济活动与房地产经纪机构的关系最为密切。我们平常经常在讲房屋中介时,实际上指的就是房地产经纪机构。在接下来的几章内容中我们也将围绕着如何与经纪机构打交道而多为广大市民朋友提供一些专业基础知识和实用技巧。本章着重介绍一下房地产经纪机构及其运作机制。

3.1 什么是房地产经纪机构?

根据2001年建设部修正后的《城市房地产中介服务管理规定》,所谓房地产经纪,是指为委托人提供房地产信息和居间代理业务的经营活动。房地产经纪机构就是指依法设立的、符合执业条件从事房地产经纪活动的机构。房地产经纪机构按照成立方式不同,又可分为房地产经纪公司、合伙制房地产经纪机构、个人独资房地产经纪机构。按照业务内容的不同,可分为复合型房地产经纪机构和单一型房地产经纪机构。

无论是房地产经纪公司、还是合伙制房地产经纪机构,或者个人独资房地产经纪机构,它们都是依照《中华人民共和国公司法》和《城市房地产中介服务管理规定》等有关房地产经纪管理的部门规章成立的。不同的是，房地产经纪公司是指在中国境内设立的从事房地产经纪业务的有限责任公司和股份有限公司。合伙制房地产经纪机构是指在中国境内设立的，由合伙人在平等协商的基础上订立合伙协议，约定共同出资、共同经营、利益共享、风险共担，并对合伙机构债务承担无限责任的，从事房地产经纪活动的营利性机构。而个人独资房地产经纪机构是指在中国境内设立，由单个自然人投资，投资人个人所有的，并以其个人财产对机构债务承担无限责任的，从事房地产经纪活动的机构。

单一型房地产经纪机构是指只从事居间、代理等单一房地产经纪业务的机构。复合型房地产经纪机构是指除了从事居间、代理、行纪等房地产经纪类中介业务外，还从事与房地产经纪有关的其他业务的机构。

3.2 房地产经纪机构的主要业务是什么？

房地产经纪机构的主要业务包括居间、代理和行纪等。

所谓的居间就其实质而言，是一种商业形式，是牵线搭桥、举荐媒引，促使交易双方成交的一种经纪活动。专业从事这种经纪活动而从中获取报酬的人，就是居间人。居间人的主要职责是充当介绍人的角色从中撮合促成交易，而不参与交易本身。

所谓代理是指代理人根据代理权的规定，在代理权限范围内，以被代理人的名义实施法律行为，行为后果由被代理人承担的民事法律制度。代为实施民事法律行为的为代理人，承担民事法律行为责任的是被代理人。代理和其他市场的"代销"很相似，房地产经纪机构作为业主的代理人，代表业主的身份进行交易，但是它一般没有定价权，也不承担市场风险。

所谓行纪是指经纪机构受委托人的委托，以自己的名义与第三方进行交易，并承担规定的法律责任的商业行为。行纪和自主经营很相似，不同的是，大多数情况下经纪机构都并未取得交易商品的所有权，他只是依据委托人的委托而进行活动。从事行纪活动的经纪人员拥有的权力较大，可以自主定价，获取额外收益，但同时所承担的责任也较重。

行纪与代理的区别在于：(1)行纪行为下，经委托人同意，或双方事先约定，经纪机构可以以低于(高于)委托人指定的价格买进(卖出)，并因此而增加报酬，而代理则不行；(2)除非委托人不同意，对具有市场定价的商品，经纪机构自己可以作为买受人或出卖人，而代理则不行。

3.3 房地产经纪机构设立需要哪些条件？

房地产经纪机构的设立首先需要符合房地产中介机构设立的基本条件，在此基础上，按照房地产经纪机构不同的设立形式，还需要分别符合中华人民共和国公司法、合伙企业法，个人独资企业法、中外合作经营企业法、中外合资经营企业法、外商独资经营企业法等法律法规及其实施细则和工商登记管理的规定。

(1) 成立房地产经纪公司的，需要有3名以上人员持有房地产经纪人资格证书，3名以上具有经纪人协理资格的从业人员。

(2) 成立房地产经纪合伙企业的，需要有2名以上人员持有房地产经纪人资格证书，2名以上具有经纪人协理资格的从业人员。

(3) 成立个人独资房地产经纪企业的，需要有1名以上人员持有房地产经纪人资格证书，1名以上具有经纪人协理资格的从业人员。

3.4 什么是房地产经纪人执业资格？有哪几种？

根据人事部、建设部联合颁发的《房地产经纪人员职业资格制度暂行规定》(人发［2001］128号)的规定，房地产经纪人员实行职业资格制度，并且纳入全国专业技术人员职业资格制度统一规划。凡从事房地产经纪活动的人员，必须取得房地产经纪人员相应职业资格证书并经注册生效。

房地产经纪人员职业资格包括房地产经纪人执业资格和房地产经纪人协理从业资格。取得房地产经纪人执业资格是进入房地产经纪活动关键岗位和发起设立房地产经纪机构的必备条件。取得房地产经纪人协理从业资格，是从事房地产经纪活动的基本条件。

3.5 什么是房地产经纪人协理？房地产经纪人协理需要哪些职业能力？

房地产经纪人协理是指依法取得《中华人民共和国房地产经纪人协理从业资格证书》，在房地产经纪机构中协助房地产经纪人从事非独立性房地产经纪工作的自然人。

要想成为一个合格的房地产经纪人协理必须具备一定的专业知识和工作经验，而消费者要判断一个房地产经纪人协理是否合格也可以从以下三点进行：

（1）了解房地产的法律、法规及有关行业管理的规定；
（2）具有一定的房地产专业知识；
（3）掌握一定的房地产流通的程序和实务操作技术及技能。

3.6 什么是房地产经纪人？房地产经纪人需要哪些职业能力？

房地产经纪人是指依法取得《中华人民共和国房地产经纪人执业资格证书》，并经申请执业，由主管部门注册登记后，取得《中华人民共和国房地产经纪人注册证》，能够独立开展经纪业务，并承担责任的自然人。房地产经纪人一般以三种形式开展业务：

（1）在房地产经纪机构中以房地产经纪机构的名义独立执行房地产经纪业务；
（2）可以自行开业设立房地产经纪机构独立开展经纪业务；
（3）经执业的房地产经纪机构授权，独立开展经纪业务。

一个合格的房地产经纪人必须具备比房地产经纪人协理更为扎实的专业知识，和面对复杂情况灵活的处理能力，因此，在具备经纪人协理所需的职业能力的基础上，他们还需要有以下几个方面的能力：

(1) 具有一定的房地产经济理论和相关经济理论水平，并具有丰富的房地产专业知识；

(2) 能够熟练掌握和运用与房地产经纪业务相关的法律、法规和行业管理的各项规定；

(3) 熟悉房地产市场的流通环节，具有熟练的实务操作的技术和技能；

(4) 具有丰富的房地产经纪实践经验和一定资历，熟悉市场行情变化，有较强的创新和开拓能力，能创立和提高企业的品牌；

(5) 有一定的外语水平。

3.7 参加房地产经纪人执业资格考试需要哪些条件？

根据《房地产经纪人员职业资格制度暂行规定》，凡中华人民共和国公民，遵守国家法律、法规，已取得房地产经纪人协理资格并具备以下条件之一者，可以申请参加房地产经纪人执业资格考试：

(1) 取得大专学历，工作满6年，其中从事房地产经纪业务工作满3年；

(2) 取得大学本科学历，工作满4年，其中从事房地产经纪业务工作满2年；

(3) 取得双学士学位或研究生班毕业，工作满3年，其中从事房地产经纪业务工作满1年；

(4) 取得硕士学位，工作满2年，从事房地产经纪业务工作满1年；

(5) 取得博士学位，从事房地产经纪业务工作满1年。

3.8 房地产经纪人申请注册的申请条件有哪些？

要想成为房地产经纪人，除了取得相关的执业资格证书之外，还必须向主管部门提出申请，凡是取得房地产经纪人执业资格证书或者房地产经纪人协理从业资格证书的人员,都可以通过房地产经纪机构申请,经各省、自治区、直辖市房地产管理部门初审合格后,统一报国务院建设行政主管部门注册登记。经公示无异议或者异议不成立的,将由国务院建设行政部门核发《中华人民共和国房地产经纪人注册证》。申请注册的条件是:

(1) 遵纪守法,遵守注册房地产经纪人职业道德;

(2) 取得《中华人民共和国房地产经纪人执业资格证书》;

(3)《中华人民共和国房地产经纪人协理从业资格证书》证件自核发之日起超过3年的,应附上达到继续教育标准的证明材料;

(4) 经所在房地产经纪机构同意;

(5) 无不予注册情形。

3.9 房地产经纪人和房地产经纪人协理在权责上有哪些异同?

在同房地产经纪机构打交道的过程中,消费者会碰到不同资质的服务人员,那么房地产经纪人和房地产经纪人协理在权责上到底有哪些不同,我们在接受服务的时候应当如何选择呢?

首先,不管是房地产经纪人还是房地产经纪人协理,他们都是房地产经纪机构的工作人员,都必须站在消费者的角度上全心全意地为消费者服务,都必须符合以下几点要求:

(1) 遵守法律、法规、行业管理制度和职业道德;

(2) 不得同时受聘于两个或两个以上房地产经纪机构执行业务;

(3) 向委托人披露相关信息,充分保障委托人的权益,完成委托业务;

(4) 为委托人保守商业秘密;

(5) 接受国务院建设行政主管部门和当地政府房地产行政主管部门的监督检查;

(6) 接受职业继续教育,不断提高业务水平。

虽然存在这么多共同点,但是由于所掌握的专业知识和工作经验的水平不同,房地产经纪人和房地产经纪人协理所拥有的权利和工作权限也有所不同。

对于房地产经纪人,他们有以下权利:

(1) 依法发起设立房地产经纪机构;

(2) 加入房地产经纪机构,承担房产地产经纪机构关键岗位;

(3) 指导房地产经纪人协理进行各项经纪业务;

(4) 经所在机构授权订立房产经纪合同等重要文件;

(5) 要求委托人提供与交易有关的资料;

(6) 有权拒绝执行委托人发出的违法指令;

(7) 执行房地产经纪业务并获得合理报酬。

而房地产经纪人协理的权利则相对要小得多,他们的权利主要有:

(1) 有权加入房地产经纪机构;

(2) 协助房地产经纪人处理经纪有关事务并获得合理的报酬。

3.10 什么是房地产居间,房地产居间业务主要有哪几种类型?

所谓房地产居间,就是指房地产经纪人在委托者和第三方之间,承担牵线搭桥、举荐媒引,促使交易双方就房屋出租、买卖达成交易的一种经纪活动。

它又可分为房地产转让居间和房地产租赁居间。房地产转让居间主要涉及我们日常生活中的二手房买卖,房地产租赁居间主要涉及的是交易双方房屋租赁业务。

3.11 房地产居间业务基本流程应该包括哪些环节?

房地产居间业务是在日常生活中很常见的业务,也是房地产经纪机构最为经常的业务形式。在长期的业务实践中形成了较为严格的流程。消费者在选择居间业务的时候,有权利要求房地产经纪机构严格按照居间业务的基本流程进行。房地产居间业务的基本流程包括以下环节：

(1) 房地产居间业务开拓；

(2) 房地产居间业务洽谈；

(3) 房地产查验；

(4) 签订房地产居间合同；

(5) 信息的收集与传播；

(6) 买方或承租方看房；

(7) 撮合成交，协助房地产权属登记(备案)；

(8) 房地产交验，佣金结算。

3.12 什么是房地产居间合同？它有哪些主要特征？

在房地产经纪服务中，居间服务最为常见和普遍，而为了保证居间活动的顺利进行，维护委托人和居间人的合法权利，一般都要签订特定的居间合同。

房地产居间合同，又被称房地产中介协议书，它是指房地产居间人为房地产委托人提供促成交易、与第三人订立合同的服务，由房地产委托人向房地产居间人给付约定报酬的协议。房地产居间合同的当事人，一方为房地产委托人，另一方为房地产居间人。

房地产居间合同的特征主要有：

(1) 房地产居间人必须按照房地产委托人指示、委托业务的范围和具体要求进行业务活动；

(2) 房地产居间合同的目的是使委托人与第三人订立合同，同时还保障了居间人获得应有报酬的权利；

(3) 房地产居间合同是有偿合同。居间是一种经营活动，只要居间成功，委托人须向居间人支付一定的报酬和从事居间活动所支付的费用。

3.13 房地产居间合同主要包括哪些条款？

(1) 委托人甲(出售、出租方)，居间方，委托人乙(买入、承租方)三者的姓名或名称、住所；
(2) 居间房地产的坐落与情况；
(3) 委托事项；
(4) 佣金标准、数额、收取方式、退赔等条款；
(5) 合同在履行中的变更的处理；
(6) 违约责任；
(7) 争议解决的处理办法；
(8) 其他补充条款。

3.14　什么是房地产代理？房地产代理一般有哪几种类型？

所谓房地产代理就是指房地产经纪人充当代理人的角色，根据代理权的规定，在代理权限范围内，以被代理人(委托人)的名义来承租、出租、购房、买房。

房地产代理可以细分为房地产卖方代理和房地产买方代理两种：

房地产买方代理是指房地产经纪人受委托人委托，以委托人的名义承租、购买房地产的经纪行为。

房地产卖方代理是指房地产经纪人受委托人委托，以委托人的名义出租、出售房地产的经纪行为。

3.15　房地产代理业务的基本流程应该包括哪些环节？

房地产代理业务是一个专业性很强的业务，需要按照严格的流程来进行，消费者在选择代理业务的时候，有权利要求房地产经纪机构严格按照代理业务的基本流程进行。房地产代理业务的基本流程包括以下环节：

(1) 代理业务开拓；
(2) 业务洽谈；
(3) 查验；
(4) 签订房地产代理合同；
(5) 信息收集与传播；

(6) 方案设计与推广；
(7) 买方或承租方看房；
(8) 房地产交易法制及合同签订；
(9) 房地产交易价款收取与管理；
(10) 房地产权属登记（备案）；
(11) 房地产交验；
(12) 佣金结算；
(13) 售后服务。

3.16 什么是房地产代理合同？它有什么特点？

在房地产经纪服务中，代理服务是一个重要的服务内容，而为了保证代理活动的顺利进行，维护委托人和代理人的合法权利，一般都要签订特定的房地产代理合同。

房地产代理合同，是指房地产经纪人向委托人提供，代表房地产委托人来处理委托人交予的承租、出租、购房、买房等业务，并且以委托人的身份与第三人订立合同的服务，由房地产委托人向房地产经纪人给付约定报酬的协议。房地产代理合同的当事人，一方为房地产委托人，另一方为房地产经纪人。

它的主要特点在于：房地产经纪人在以委托人的身份与第三方交易的过程中，所处理的代理事务只能是在代理合同中明文规定的委托内容，房地产经纪人不得超越合同的规定，自行处理。

3.17 房地产代理合同中一般包括哪些合同条款？

房地产代理合同是房地产中介合同的一种，因此，它也必须包含以下内容：
(1) 当事人姓名和住所；
(2) 代理房地产标的物的基本情况；
(3) 服务事项与服务标准；
(4) 劳务报酬或酬金；
(5) 合同的履行期限、地点和方式；

(6) 违约责任；

(7) 解决争议的方式。

3.18 在签订房地产买方代理合同中要注意哪些合同条款？

除了了解房地产代理合同条款内容等基本知识之外，消费者在签署房地产买方代理合同的时候，需要着重注意以下几个条款内容：

(1) 备选房源数量和质量。对房源的数量和质量进行较为明确的规定和描述，可以更好地让房地产经纪人按照自己的意愿服务，减少因为双方沟通不利而导致的合作不愉快情况的发生。

(2) 个性化的特定要求。对于自身个性化的要求，消费者应当尽可能清晰、明确地表述出来，以便房地产经纪人更好地提供服务。同时事先对特定要求和可能产生的费用进行详尽而细致的约定，可以有效地降低双方发生争执的可能性。

(3) 佣金的标准和支付方式。

3.19 在房地产卖方代理合同中要注意哪些合同条款？

除了了解房地产代理合同条款内容等基本知识之外，消费者在签署房地产卖方代理合同的时候，也有几个条款需要着重注意：

(1) 交易价格范围、交易时间、佣金计算标准和比例；

(2) 租金或售房款的支付方式；

(3) 佣金支付方式、支付时间、支付的前提条件；

(4) 出租、销售费用等费用要事先约定。

3.20 什么是房地产信托服务？

在房地产中介服务中，最近比较流行的一个服务项目就是房地产信托服务，那么究竟什么是房地产信托服务，普通消费者在选择房地产信托服务的时候又要注意些什么呢？

所谓房地产信托服务，是指在房地产交易中，因买方资金困难而不能全额支付全部购房款时，一般在中介机构的促成下，买卖双方先行完成交易的合法手续，然后在商定分期付款时限、金额等事项后，双方同提供信托服务的中介机构签订房屋信托合同。卖房者将房屋价款视同委托贷款保证金交存提供信托服务的中介机构，然后以相同的金额将购销的房屋以房屋信托贷款的方式贷给购房者，由购房者按合同规定陆续归还房款，而提供信托服务的中介机构将收回的房款和利息转付给卖房者。

3.21 房地产经纪服务有哪些特点？

与其他的中介服务相比，房地产经纪服务是人们日常最容易接触到、也是最需要的。它有许多自身的特点，主要体现在以下几个方面：

（1）服务范围的广泛性。相对于其他房地产中介服务，房地产经纪服务的一个显著特点就是服务范围广泛。无论是传统的居间、代理、行纪，还是现在新兴的信托，都是经纪服务的范围。从二手房交易，到房屋租赁都是经纪服务的重要内容。可以说只要和房屋交易有关的服务，都可以交由房地产经纪机构来做。

（2）服务内容的服务性。经纪活动的重要特征就在于其是服务性而不是实物性的。它主要是通过服务的提供，来给委托人提供便利。经纪活动的生产和消费是同时产生的，而且作为无形的服务，它很难复制和储存。

（3）服务地位的居间性。房地产经纪活动的重要特点就是其居间促进性，除了在受到特定委托的情况下，它不直接参与商品的买卖和交易，它的主要任务是促进买卖双方交易的进行。

（4）服务目的的有偿性。房地产经纪服务是以通过促进买卖双方交易，来获取相应的服务费为目的的，这是它与其他非营利性组织和政府机关的显著差别。

（5）服务水平的专业性。由于房地产经纪提供从居间、行纪到代理全方位的服务，这就需要有相当丰富的专业知识，它包括市场经验、金融知识、交易相关的法律法规、交易程序等。而专业性的服务也就成了房地产经纪服务的重要特点。

（6）服务区域的地域性。从中国的具体国情来讲，房地产经纪服务受地域影响较大。在不违背国家相关的法律法规的基础上，不同的地区有着不同的地方政策，这些政策直接影响着经纪服务的类型和收费标准等。

3.22 房地产经纪的基本执业规范有哪些？

房地产经纪的基本执业规范有：
(1) 告示责任；
(2) 告知责任；
(3) 签署房地产经纪合同责任；
(4) 重要文书署名责任；
(5) 获取合理佣金责任；
(6) 承接经纪业务的责任；
(7) 经纪人员的职业范围；
(8) 回避制度。

3.23 房地产经纪活动中有哪些活动是禁止的？

(1) 明知交易物或交易方式属法律法规所禁止的范围，仍提供房地产经纪服务。
(2) 通过隐瞒房地产交易价格等方式，获取佣金以外收益的。
(3) 隐瞒重要事实或虚构交易机会，提供不实信息和虚假广告。
(4) 用欺诈、贿赂等不正当手段促成房地产交易的。
(5) 与他人串通，恶意损害委托人利益，或胁迫委托人交易的。
(6) 泄露委托人商业秘密或利用委托人商业秘密争取不正当利益的。
(7) 出租、出借房地产经纪人员职业资格证书、注册证或允许他人以自己的名义从事房地产经纪活动。

(8) 法律、法规禁止的其他行为。

3.24 房地产经纪纠纷主要有哪些类型？如何规避与处置？

房地产经纪纠纷的主要类型有：
(1) 缔约过失造成的纠纷；
(2) 合同不规范造成的纠纷；
(3) 服务标准与收取佣金标准差异造成的纠纷。

在房地产经纪活动中出现争议，一般按照以下顺序和原则来加以解决：
(1) 当事人双方本着平等自愿的原则协商解决；
(2) 如双方协商不成，可以向有关政府管理部门投诉，由其从中进行调解；
(3) 如经调解不能达成协议，双方可按合同中的有效仲裁条款进行处理，如没有另达成仲裁协议，向仲裁委员会申请仲裁，仲裁裁决为终局裁决；
(4) 合同中无仲裁条款的，可以向不动产所在地人民法院提起诉讼。

第4章

房地产咨询和评估机构

房地产中介服务主要包括房地产咨询、房地产评估以及房地产经纪等活动。虽然我国现阶段中介行业的规范化程度还不够高，中介行业违规违法现象还相当普遍，广大老百姓稍不留神就被中介行业弄得"很受伤"，但毋庸置疑的是，中介行业由于自身的专业优势，在房地产咨询、房地产评估方面发挥着举足轻重的作用。广大老百姓很有可能需要中介行业提供房地产相关的咨询或者评估服务。因此在现阶段，我们在寄希望于政府出台更多更完善的法律、政策规范中介行业的行为的同时，也应该从自身的角度出发，多多了解相关的知识、相关的法律法规，提高自身的水平。在自身合法权益受到侵害的时候，更应该勇敢地拿起法律的武器，维护自身的合法权益。本章将主要对房地产咨询、房地产评估相关知识做较为系统的介绍，普及相关法律法规知识，使广大与房地产咨询评估机构打交道的老百姓多一双"慧眼"。

4.1 什么是房地产咨询？

一般来说，房地产中介服务，指的是为房地产开发和交易收取一定费用，提供各种媒介的有偿服务的总称。它包括了房地产咨询、房地产价格评估、房地产经纪等活动。

房地产咨询，是房地产中介服务的重要组成部分，根据《城市房地产中介服务管理规定》，房地产咨询是指相关的房地产咨询机构，为房地产活动消费者提供法律法规、政策、信息、技术等方面服务的经营活动。

4.2 什么是房地产咨询机构？

房地产咨询机构就是指从事房地产咨询的机构，它是房地产行业迅猛发展的必然产物，它的出现有效缓解了市场交易双方信息不对称的状况，尤其是为房地产业交易双方带来了极大的便利。比如，有了房地产咨询机构，租房者可以省去搜寻有关租金的国家和地方政策法规的具体要求所需付出的成本；房地产开发商可以省去诸如有关土地管理、建设开发等方面法规的麻烦。

房地产咨询机构的主要业务包括三个方面：房地产政策与法律咨询、房地产技术咨询和房地产信息中介服务。房地产政策与法律咨询又包括三个方面的内容：一是房地产法律条文咨询，主要是利用房地产咨询机构的专业知识，帮助房地产交易主体规避法律盲区，并利用好法律武器保护自身权利。二是房地产交易手续咨询，这是法律法规咨询的延伸和补充。它主要是利用房地产咨询机构对于不同交易环境、交易方式和交易性质下多样化的交易程序的了解，促使交易的顺利进行，为房地产交易主体节省下大量宝贵的时间；三是房地产诉讼仲裁咨询，在房地产交易之中以及结束之后，交易双方总是不可避免的会有些许摩擦，有些是可以通过双方友好协商解决，有些就需要求助于第三方（消费者权益保护协会、仲裁机构或者法院）的介入加以解决。在求助第三方之前，交易双方中利益受损方就可以向房地产咨询机构进行相关咨询。房地产技术咨询则主要涉及房地产交易过程中具体的技术问题，比如空置率如何计算，建筑面积如何计算等房地产专业相关的知识，对于房地产企业来说，房地产技术咨询还包括诸如房地产前期开发可行性咨询等更为专业、更加复杂的内容。而房地产信息中介服务则是泛指除政策法律咨询以外的咨询服务，比如对有关房地产交易税费方面知识的咨询；关于房屋信息的咨询等等。

作为普通消费者，主要是寻求房地产咨询机构法律法规方面的咨询服务。他们在这方面有着较为专业的优势，能够有效地为消费者提供政策法规解释等服务，为消费者排忧解难。

4.3 房地产咨询公司一般都提供哪些服务？

咨询公司，顾名思义就是通过提供各类智力性服务获得报酬的行业。目前，房地产咨询公司、顾问公司在经营范围上本质上没有太大区别。可以提供除房地产开发本身以外的各个环节中的全部智力性中介服务，例如项目可行性研究甚至报批、土地评估及挂牌营销推广、房产项目前期整体设计及营销、细分市场调研、商品房代理销售及营销推广、二手房交易及估价、物业管理、资产管理、房地产投资建议等。

房地产咨询公司的营业范围非常广，但各个公司选择的主业市场并不相同，目前多数公司业务集中在为开发商提供前期市场策略及产品建议报告、代理销售服务、土地及房产评估报告和二手房交易服务这几个方面。

4.4 作为开发商，如何选择房地产咨询机构？

很多时候，开发商都会借助房地产策划咨询机构对项目进行前期策划，使项目后期销售获得成功。项目的前期策划的成功与否，直接决定了其后期销售的好坏。目前，雨后春笋般的房地产策划、咨询公司鱼龙混杂，良莠不齐的策划人员如过江之鲫，使房地产开发商无所适从。准确和正确选择合适的房地产策划机构，对房地产开发商未来的市场营销至关重要，而房地产策划咨询机构的策划水平，就成了房地产项目开发是否成功的关键所在。

虽然房地产开发策划咨询机构中号称"全程策划"公司很

多，但真正的房地产全程策划公司必须是以先进的营销理论与策划理论为指导，以消费者的未来期望、市场的有效需求、行业的竞争态势为基础，通过需求调查、市场细分、项目定位、概念设计、营销战略、CI设计、广告策划、销售执行、物业管理、品牌创立等过程，为项目规划出合理的建设取向——在设计、建设、营销、服务、管理等方面提出比竞争者更有效地满足顾客需求的实施细则，达到使项目增值，创造畅销楼盘，使开发商可持续发展的目的。因此，选择房地产策划咨询机构，必须考虑以下几个方面：

（1）理论水平。理论来自于实践并指导实践，观念落后导致策划保守，没有好的观念就没有好的策划。分清其所掌握的房地产策划的基础理论处于策划理论何种发展阶段，是标准规划阶段、销售策划阶段、概念策划阶段、卖点群策划阶段、等值策划阶段还是增值策划阶段？是推销观念阶段，还是营销观念阶段？是全程策划阶段、还是营销策划？采用的是什么理论模式？总之，关键是要运用所掌握的理论、通过科学的思维方式和方法论，对现实环境做出准确的判断。

（2）实战经验。实战经验可以避免重蹈覆辙，并是策划者项目的运作能力、市场反应能力、市场应变能力的具体体现。由于房地产业的特殊性，以往任何成功的经验很难完全照搬应用在新开发的项目上，甚至如果不能摆脱以往成功经验的束缚，或者照搬别人的成功经验，反而会给新项目的开发带来灭顶之灾，换句话说，前一个项目的成功并不能保证未来项目一定成功，而以往失败的定位却未必不能应用在新项目上；这也就是为什么大名鼎鼎的策划人，却策划了一大堆卖不出去的空置房，而那些精品楼盘、畅销楼盘却往往是名不见经传的开发商的杰作的原因。

（3）创新能力。差异化虽然不是房地产企业惟一的生存战略，却是获取竞争优势的重要手段，房地产策划、咨询机构没有创新意识，或创新能力不足，就抓不住差异化的机会，而没有差异的同质项目，必然导致价格的恶性竞争。

(4) 洞察力。所谓洞察力,就是房地产策划、咨询机构对市场有效需求变化的敏感程度与预见能力。房地产项目所面临的是一个相对狭窄的消费市场,是现在生产的未来需求的特殊产品。由于投资大、建设周期长,受政策、社会环境、经济环境、管理水平、资金来源等因素制约,制约因素稍有变化,就会导致市场有效需求发生变化,预先的项目定位就有可能发生变化甚至落空。房地产策划、咨询机构对市场可能的变化必须有敏锐的洞察力,及时修正与市场有效需求相悖的定位,否则,项目前期的准确定位,一样会导致项目建成后,面对将是没有需求或需求有限的市场。

(5) 合作力。团队作战不是乌合之众,不是策划大师的灵机一动的"奇招"、"概念",而是具备上述能力、十数种专业的通才型人力资源协同作战的有机结合体。项目经理与市场总监、策划总监、设计总监、营销总监、CI 总监及其助手所组成的项目组团,整合社会资源、市场资源、企业内部人力资源,是所策划项目始终如一的充分必要保证。由于策划咨询机构是从市场调研、概念定位、项目规划、工程施工到开盘上市、现场展示、销售服务、售后服务等的全过程介入,要协调和判断各专业公司的工作进度与成果质量,并提出改进意见,团队的协作精神、宽泛的专业知识、良好的沟通能力是策划咨询机构取得成功的保证。

4.5 房地产咨询是如何收费的?

国家计委等六部门 1999 年 12 月 22 日下发的《中介服务收费管理办法》中指出,中介服务收费实行在国家价格政策调控、引导下,主要由市场形成价格的制度。对咨询、拍卖、职业介绍、婚姻介绍、广告设计收费等具备市场充分竞争条件的中介服务收费实行市场调节价。

在 1995 年国家计委、建设部《关于房地产中介服务收费的通知》中,进一步具体规定了房地产咨询服务的收费:房地产中介服务机构可应委托人要求,提供有关房地产政策、法规、技术等咨询服务，收取房地产咨询费。房地产咨询费按服务形式，分为口头咨询费和书面咨询费两种。

口头咨询费，按照咨询服务所需时间结合咨询人员专业技术等级由双方协商议定收费标准。

书面咨询费，按照咨询报告的技术难度、工作繁简结合标的额大小计收。普遍咨询报告，每份收费 300～1000 元；技术难度大、情况复杂、耗用人员和时间较多的咨询报告，可适当提高收费标准，收费标准一般不超过咨询标的额的 0.5%。

通知中还指出，以上收费标准属指导性参考价格。实际成交收费标准，由委托方与中介机构协商议定。

4.6 从事房地产咨询业务的人员有哪些具体要求？

目前我国对房地产中介服务人员采取统一考试、执业资格认证和登记的管理办法。其中，从事房地产咨询业务的人员，按照《城市房地产中介服务管理规定》，必须是具有房地产及相关专业中等以上学历，有与房地产咨询业务相关的初级以上专业技术职称并取得考试合格证书的专业技术人员。房地产咨询人员的考试办法，由省、自治区人民政府建设行政主管部门和直辖市房地产管理部门制订。

因此在和房地产咨询业务人员打交道的时候，首先要了解他们是不是有从事咨询业务的资质。

4.7 什么是房地产评估？

房地产评估和房地产咨询一样是房地产中介服务的重要组成部分，根据《城市房地产中介服务管理规定》，房地产价格评估，是指对房地产进行测算，评定其经济价值和价格的经营活动。

具体来说，是经由房地产专业估价人员，按照确定的估价原则，遵循一定的程序，使用科学合理的评估方法，在结合自身估价经验和其他影响房地产价格的因素的基础上，对房地产的价值做出真实、客观、合理的评估、推测与判断。

4.8 什么是房地产估价?

在现实生活中,我们又常常又听到房地产估价的概念,所谓房地产估价,也称房地产价格评估,简称房地产评估,是指按照特定的目的,遵循法定或公允的标准,根据估价程序,运用科学的方法,对房地产的现时价格进行估算与评定。由此可见,房地产估价和房地产评估事实上是一回事。

房地产估价的八大基本要素包括了主体、客体、目的、标准、程序、方法、信息和时价。

(1) 主体。房地产估价主体是估价的执行者,即估价人。主要有:房地产评估公司及国家授权的资产评估公司、会计事务所、审计事务所及其他咨询机构。根据《国有资产评估管理办法》的规定,房地产评估主体,必须获得省级及以上国有资产管理部门颁发的国有资产评估资格证书,才能从事国有资产的评估业务。目前,我国的房地产评估主体资格管理,分为临时评估资格和正式评估资格两级。前者是个准评估主体,临时评估资格为一年。对工作业绩显著、实力强者,通过主管部门年审,方可取得正式评估资格。房地产评估工作政策性强,涉及工程技术、财务等多方面的专业知识。估价人员必须具备较高的政策水平,良好的职业道德,广博的学识水平和坚实的专业基础,丰富的实践经验,才能搞好估价工作。目前,我国正在逐步完善房地产估价师资格管理制度,通过考试方法,确定评估人员的评估资格。

(2) 客体。房地产估价的客体就是房产、地产。房产是具有一定产权关系、房屋、建筑物的总称。它包括房屋建筑和产权两个方面的含义。在房产概念中的"房",它所以要取广义,是由于构筑物等房屋以外的其他设施,都是劳动产品、商品,在实际工作中执行同一建筑规范和价格体系。因此,房地产中的"房"是房屋、其他建筑物、构筑物及相关基础设施的代名词或总称。在房地产估价分类中,对于"房"这个部分应分为房屋和设施两个方面,即用"设施"一词反映除房屋以外的其他建筑物和设施,如水塔、水池、路、桥、烟囱等,以规范房地产评估报表和房产结构的归类以及相关的分析和评估工作。地产,是具有一定权属关系的土地范畴。在估价中,地产中的"地"一般指与房相关联的"地皮",它是地产的物质形态,包括地表及其有限的上部空间。这种上部空间通过许可的建筑物高度来控制。因此,对于地的物质内容的理解,不仅仅要看到一个平面面积,更应将其作为一个立体空间来认识,即地是由地表面积和规划允许其发展的上部空间所构成的一个立体物质体。地产中的"产"指产权,包括所有权、使用权、收益权和处置权四个方面。对于产权的鉴定与理解,应从产权范围和拥有时间两个方面着手,才能得出正确的结论。在房地产估价中,对房地产客观的认识和表达,尚未规范化,主要表现是:①在物质内容上对房地产的归类五花八门,或流水账式的记录;②对房地产产权反映模糊;③对估价客体表达不统一。

(3) 目的。房地产估价的总目的是为房地产交易提供符合国家政策的公正的价格尺度。由于交易的性质、方式各异,房地产估价的具体目的就不同。估价的目的就必须为特定的房地产经营管理及交易业务服务。具体地说,房地产估价的直接目的是:为清产核资,加强房地产的管理服务;为组建中外合资合作经营企业,在平等互利的基础上,确定双方的合法权益服务;为建立股份制企业、联合经营企业、集团公司,核实各方资产权益,确定利润分配依据服务;为完善承包经营、租赁经营方式,正确核定发包、出租资产额度,处理发包承、租赁双方关系及其经济利益服务;为广泛开展房地产出售、租赁、抵押,土地使用权出让、转让,房地产保险及处理房地产纠纷等,提供科学的价格依据。

(4) 标准。房地产估价标准,是法定或公允的估价衡量规范,包括质量标准、计量标准和价格标准。由于房地产地域的限定性,标准可分为国际标准、国家标准和地方标准。质量和计量标准应以国家法定标准为依据,逐步实现与国际标准的接轨;价格标准,主要采用地方市场价格及地方规定的价格标准。具体地说,房屋的质量标准,应以建设部制定的标准为依据;土地质量标准,以土地等级评定标准统一;计量标准,对于房屋、土地,应以平方米(m^2)为计量单位,土地有时也可用亩为计量单位,价格应以人民币(元)来统一;价格标准,应以国务院91号令的规定为依据,反映评估目的与评估价格之间的匹配关系,价格构成要素要体现我国财务核算制度规范的原则。

(5)程序。房地产估价程序,是指房地产估价全过程中各环节工作进程的先后顺序。根据国有资产评估管理办法,评估程序的主要环节是:申请立项、资产清查、评定估算、验证确认。按照科学程序进行房地产估价,既能提高评估工作效率,又能保证评估质量的基本条件。

(6)方法。房地产估价方法是确定房地产价格的技术规程、方式和手段。评估方法主要有:重置成本法、收益现值法、市场价格比较法、清算价格等。评估方法的选用要结合评估目的确定。

(7)信息。信息是房地产估价工作的生命之源。掌握多少信息量,信息渠道畅通与否,处理加工信息能力的强弱,是衡量评估机构及其评估人员实力的重要标志。加强房地产估价信息的收集、加工和积累,是房地产估价机构和人员的一项基础性工作,是客观、公正、科学确定房地产价格的重要保证。

(8)时价。时价,指房地产评估基准时点的价格。它是估价人员依估价基准时点,考虑各种价格因子而确定的一种静态价格。由估价目的所决定的估价方法不同,时价的形式也就不同。如重置完全价格、收益现值、市场交易比较价格,等等。时价的确定应抓住时点和与评估目的相匹配的价格标准两个基本要素。具体地说,对涉及产权转移的房地产估价,应采用市场类比现时价格;对国有企业之间的联合、合并,不涉及产权变更的,应采用重置价格,以保证国有资产核算体系的统一性及各方利益关系处理的一致性。

4.9 什么是房产评估与地产评估？

粗略地说，房地产评估可以分为房产评估与地产评估。

房产评估是以房产为估价对象，以时价来反映其价值的技术经济活动。房产在评估中居于标识地位，可分为两种情况：

（1）房产所有权转移的估价，其评估范围包括房产本身的价格及与房产相关联的地产价格的估算。估价的结论是房产的全部价值和关联土地使用权转让价的总和。

（2）保留房产所有权的房产租赁价格的评估，其实质是房产使用权零星出售价格的估算，并按房产的使用年限测定房产的出租价格。价格构成项目为：折旧费、修缮费、管理费、地租、保险费、税金和利润七个因素。

地产评估是对地产价格的估算，并以时价来反映土地财富的交换价格。地产在评估中居于标识性地位，也可分为两种情况：

（1）土地产权转移价格的评估，包括土地所有权的转移和使用权的转让两种类别。前者发生在集体土地向国有土地转移的过程中，这种转移同时伴随着土地上一切附着物及土地所有权、使用权、收益权、最终处置权的转移。评估范围包括，土地所有权费用，土地使用权费用（如劳动力安置费等），附着物补偿费用（如房屋建筑补偿费、青苗补偿费等）三个方面。后者常指国有土地使用权在法律允许范围内的出让与转让，其评估范围包括土地使用权价格和附着物的补偿价格。

（2）保留土地权属的土地租赁价格评估，其实质是对一定期限内土地总收益的年折算费用的估算。费用构成项目包括、附着物的年折旧费、管理费、绝对地租、级差地租、税金和利润。

房产评估与地产评估的主要联系是：房离不开地，房产转让时，地产也随之转移；地上有房，地产转让时房产也随同转移。房产估价时要考虑地，地价成为房价的一个因子；地产评估时要考虑房，房价成为地价的一个因素。

两者的主要区别是：房产评估以占主导地位，房产是交易的主体,交易的目的是保留现有房产的继续使用,地产只是房产继续使用的一个条件。地产评估以地占主导地位,地产是交易的主体,取得地产是目的,土地上的房屋及其附着物只是一个关联因素,对土地权属获得者来说,其使用价值退居次要地位,或仅仅只考虑其残值。

因此,两者无论是在评估方法、价格构成项目上,还是在评估的重点上,都有一定的区别。从原则上讲,对同一地段服务于同一目的的对象房地产作分类估价,其评估结论应是一致的。但客观上往往是评估目的不同,评估主体各异,对同一对象房地产评估所得的结论,也就会出现差异。

4.10 什么是单项评估与整体评估?

单项评估是指对具备完整或相对独立的可确指分割使用功能的房地产作为估价对象的评估。具备完整使用功能的单项房地产如一栋房屋;相对独立使用功能的房地产,如一个建筑群体中具有某一特殊功能的局部房地产;可确指分割使用功能的房地产,如一栋房子中的一套房间,一个门栋等,这些都可作为单项评估对象。或者说房地产单项评估是对可确指的具有相对独立使用功能的并能单独界定其产权的单项房地产所进行的评估。像一幢房子下面的一平方米土地、一平方米建筑面积,不能作为单项资产进行评估,尽管在事实上它可确指,但它不能具有相对独立的使用功能。再如,房屋中的楼梯,既可确指,也有独立的使用功能,但只能是供人们共同使用,不能单独界定其产权,或事实上不可从房屋中将它分割出来。将单项房地产资产评估价格汇总,可以求出一个相对完整的房地产综合体的总价格。目前,我国对房地产资产综合体的估价,一般采用栋号和可确定其相对独立功能的设施及土地逐一列示,作为单项资产分别估价,最后汇总求出总体价值。按照系统论的观点,考虑单项房地产组合的群体效应及综合环境效应,房地产群体的总价值,应大于单项房地产价值之和。因此,对一组建筑群体,或一个相对独立的城市地段单元,甚至一个城镇,就存在着整体评估问题。

房地产整体评估,是对某一特定地段的地产、房屋及基础设施作为一个估价对象进行综合估价。如对一个居住小区、一条商业街、一座小集镇、一家大型工业企业作全部的出让交易估价,这就需要将这个房地产资产作为一个综合体进行整体评估。例如,对某一工业区房地产作整体评估,各单项房产、地产的价格之和,只能作为整体的基础价格。除了考虑各单项资产的价格之外,还应考虑以下八大因素:一是生产性房产的质量及整体功能;二是非生产性房产的整体质量及与生产性房产的比例关系;三是基础设施的质量功能状态及生产性和非生产性房产的配套性;四是土地等级及其使用结构;五是周边环境状态;六是工业区的发展前景;七是隐含的无形资产价值;八是潜在的相关收益能力。只有将这些因素综合起来考虑,才能正确判断该房地产综合体的整体价值。

4.11 按估价目的,房地产估价主要有哪些类别?

按估价目的进行分类,房地产估价主要有下列类别:
(1) 土地使用权出让价格评估

土地使用权出让价格评估,应依据《中华人民共和国城市房地产管理法》、《中华人民共和国土地管理法》、《中华人民共和国城镇国有土地使用权出让和转让暂行条例》以及当地制定的实施办法和其他有关规定进行。应分清土地使用权协议、招标、拍卖的出让方式。协议出让的价格评估,应采用公开市场价值标准。招标和拍卖出让的价格评估,应为招标和拍卖底价评估。具体来讲,可采用市场比较法、假设开发法、成本法、基准地价修正法。

(2) 房地产转让价格评估

房地产转让价格评估,应依据《中华人民共和国城市房地产管理法》、《中华人民共和国土地管理法》、《城市房地产转让管理规定》以及当地制定的实施细则和其他有关规定进行。应采用公开市场价值标准。宜采用市场比较法和收益法，可采用成本法，其中待开发房地产的转让价格评估应采用假设开发法。

(3) 房地产租赁价格评估

房地产租赁价格评估，应依据《中华人民共和国城市房地产管理法》、《中华人民共和国土地管理法》、《城市房屋租赁管理办法》以及当地制定的实施细则和其他有关规定进行。从事生产、经营活动的房地产租赁价格评估，应采用公开市场价值标准。住宅的租赁价格评估，应执行国家和该类住宅所在地城市人民政府规定的租赁政策。

房地产租赁价格评估，可采用市场比较法、收益法和成本法。

(4) 房地产抵押价值评估

房地产抵押价值评估，应依据《中华人民共和国担保法》、《中华人民共和国城市房地产管理法》、《城市房地产抵押管理办法》以及当地和其他有关规定进行。应采用公开市场价值标准，可参照设定抵押权时的类似房地产的正常市场价格进行，但应在估价报告中说明未来市场变化风险和短期强制处分等因素对抵押价值的影响。

房地产抵押价值应是以抵押方式将房地产作为债权担保时的价值。

依法不得抵押的房地产，没有抵押价值。

首次抵押的房地产，该房地产的价值为抵押价值。

再次抵押的房地产，该房地产的价值扣除已担保债权后的余额部分为抵押价值。

(5) 房地产保险估价

房地产保险估价，应依据《中华人民共和国保险法》、《中华人民共和国城市房地产管理法》和其他有关规定进行。分为房地产投保时的保险价值评估和保险事故发生后的损失价值或损失程度评估。保险价值应是投保人与保险人订立保险合同时作为确定保险金额基础的保险标的的价值。保险金额应是保险人承担赔偿或给付保险金责任的最高限额，也应是投保人对保险标的的实际投保金额。房地产投保时的保险价值评估，应评估有可能因自然灾害或意外事故而遭受损失的建筑物的价值，估价方法宜采用成本法、市场比较法。房地产投保时的保险价值，根据采用的保险形式，可按该房地产投保时的实际价值确定，也可按保险事故发生时该房地产的实际价值确定。保险事故发生后的损失价值或损失程度评估，应把握保险标的房地产在保险事故发生前后的状态。对于其中可修复部分，宜估算其修复所需的费用作为损失价值或损失程度。

（6）房地产课税估价

房地产课税估价应按相应税种为核定其计税依据提供服务。宜采用公开市场价值标准，并应符合相关税法的有关规定。

（7）征地和房屋拆迁补偿估价

征地和房屋拆迁补偿估价，分为征用农村集体所有的土地的补偿估价（简称征地估价）和拆迁城市国有土地上的房屋及其附属物的补偿估价（简称拆迁估价）。征地估价，应依据《中华人民共和国土地管理法》以及当地制定的实施办法和其他有关规定进行。拆迁估价，应依据《城市房屋拆迁管理条例》以及当地制定的实施细则和其他有关规定进行。

（8）房地产分割、合并估价

房地产分割、合并估价应注意分割、合并对房地产价值的影响。分割、合并前后的房地产整体价值不能简单等于各部分房地产价值之和。分割估价应对分割后的各部分分别估价。合并估价应对合并后的整体进行估价。

（9）房地产纠纷估价

房地产纠纷估价，应对纠纷案件中涉及的争议房地产的价值、交易价格、造价、成本、租金、补偿金额、赔偿金额、估价结果等进行科学的鉴定，提出客观、公正、合理的意见，为协议、调解、仲裁、诉讼等方式解决纠纷提供参考依据。房地产纠纷估价，应按相应类型的房地产估价进行。

(10) 房地产拍卖底价评估

房地产拍卖底价评估为确定拍卖保留价提供服务，应依据《中华人民共和国拍卖法》、《中华人民共和国城市房地产管理法》和其他有关规定进行。房地产拍卖底价评估，首先应以公开市场价值标准为原则确定其客观合理价格，之后再考虑短期强制处分（快速变现）等因素的影响确定拍卖底价。

(11) 企业各种经济活动中涉及的房地产估价

企业各种经济活动中涉及的房地产估价，包括企业合资、合作、联营、股份制改组、上市、合并、兼并、分立、出售、破产清算、抵债中的房地产估价。这种估价首先应了解房地产权属是否发生转移，若发生转移，则应按相应的房地产转让行为进行估价；其次应了解是否改变原用途以及这种改变是否合法，并应根据原用途是否合法改变，按"保持现状前提"或"转换用途前提"进行估价。企业合资、合作、股份制改组、合并、兼并、分立、出售、破产清算等发生房地产权属转移的，应按房地产转让行为进行估价。但应注意破产清算与抵押物处置类似，属于强制处分、要求在短时间内变现的特殊情况；在购买者方面在一定程度上与企业兼并类似，若不允许改变用途，则购买者的范围受到一定限制，其估价宜低于公开市场价值。企业联营一般不涉及房地产权属的转移。企业联营中的房地产估价，主要为确定以房地产作为出资的出资方的分配比例服务，宜根据具体情况采用收益法、市场比较法、假设开发法，也可采用成本法。

(12) 其他目的的房地产估价

其他目的的房地产估价，包括房地产损害赔偿估价等。房地产损害赔偿估价，应把握被损害房地产在损害发生前后的状态。对于其中可修复部分，宜估算其修复所需的费用作为损害赔偿价值。

4.12　什么是房地产评估机构？

房地产评估机构就是指从事房地产评估的机构。在现实生活中，从最常见的房地产物业的买卖和转让，到较为复杂的房地产抵押贷款和征用赔偿，再到房地产买卖相关的课税、保险和典当等都需要房地产评估机构的估价。而对于企业来说，需要房地产估价服务的业务更是不胜枚举。从这个意义上说，房地产评估不仅仅是房地产开发经营全过程中一项必不可少的基础性工作，对于广大房地产交易主体来说它也具有很现实的作用。

4.13 房地产价格评估机构主要的业务有哪些？

房地产价格评估机构是对房地产进行测算，评定其经济价值和价格的组织，主要受理房地产开发企业、有关部门、其他企事业单位以及公民个人关于房地产价格评估的委托，进行房地产评估活动。具体来讲，房地产评估机构的主要业务可以分为三大类，分别是地价评估、房屋价格评估和地上附着物价格评估。具体包括以下内容：(1)涉及国家出让、出租或提前收回国有土地使用权中的国有土地价格评估；(2)以集体所有土地使用权入股、联营、合资中的集体土地价格的评估；(3)房地产转让、抵押、保险、设典、租赁过程中房地产物业价格的评估；(4)新建、改制股份制企业和有限责任公司涉及的房地产评估；(5)因企业资产核算、破产清算涉及的房地产评估；(6)房屋拆迁补偿中关于房屋价格的评估；(7)房地产继承、分析、合并中的房地产价格评估；(8)仲裁或诉讼中的房地产价格评估；(9)法律、法规规定的其他评估事项。在这些具体业务内容中，第(3)、(6)、(7)、(8)条的内容与广大普通居民密切相关，也是对于广大普通居民而言最需要求助于专业房地产评估机构的地方。

4.14 房地产评估机构应该具备什么样的资质？

判断一个房地产评估机构是否合格有两个重要判断依据：是否符合法律规定的基本成立条件，是否具有相应的服务资质。因而，中介服务委托方首先要看该评估机构是否符合房地产中介机构成立的五个基本条件，即有自己的名称和组织机构；有固定的服务场所；有必要的财产和经费；有足够数量的专业人员；法律、行政法规规定的其他条件。其中有足够数量的专业房地产估价师对于房地产评估机构来说尤为重要。在此基础上还必须依据建设部2005年通过的《房地产估价机构管理办法》（以下简称《办法》）的相关规定来判断其是否具备相应的服务资质。

具体来讲，《办法》规定房地产估价机构资质等级分为一、二、三级。其中，国务院建设行政主管部门负责一级房地产估价机构资质许可。省、自治区人民政府建设行政主管部门、直辖市人民政府房地产行政主管部门负责二、三级房地产估价机构资质许可，并且接受国务院建设行政主管部门的指导和监督。房地产估价机构应当由自然人出资，以有限责任公司或者合伙企业形式设立，必须满足以下几点条件：

第一，法定代表人或者执行合伙人是注册后从事房地产估价工作3年以上的专职注册房地产估价师；第二，如果是有限责任公司，那么其股东中必须有3名以上、合伙企业的合伙人中有2名以上专职注册房地产估价师，股东或者合伙人中有一半以上是注册后从事房地产估价工作3年以上的专职注册房地产估价师，并且在其出资额中，专职注册房地产估价师的股份或者出资额合计不能低于60%；第三，估价质量管理、估价档案管理、财务管理等各项企业内部管理制度健全；第四，随机抽查的1份房地产估价报告符合《房地产估价规范》的要求。

关于三级房地产评估机构服务资质的不同点，《办法》中有如下具体规定：

第九条　各资质等级房地产估价机构的条件如下：

（一）一级资质

1. 机构名称有房地产估价或者房地产评估字样；

2. 从事房地产估价活动连续6年以上，且取得二级房地产估价机构资质3年以上；

3. 有限责任公司的注册资本人民币200万元以上，合伙企业的出资额人民币120万元以上；

4. 有 15 名以上专职注册房地产估价师；

5. 在申请核定资质等级之日前 3 年平均每年完成估价标的物建筑面积 50 万平方米以上或者土地面积 25 万平方米以上；

6. 法定代表人或者执行合伙人是注册后从事房地产估价工作 3 年以上的专职注册房地产估价师；

7. 有限责任公司的股东中有 3 名以上、合伙企业的合伙人中有 2 名以上专职注册房地产估价师，股东或者合伙人中有一半以上是注册后从事房地产估价工作 3 年以上的专职注册房地产估价师；

8. 有限责任公司的股份或者合伙企业的出资额中专职注册房地产估价师的股份或者出资额合计不低于 60%；

9. 有固定的经营服务场所；

10. 估价质量管理、估价档案管理、财务管理等各项企业内部管理制度健全；

11. 随机抽查的 1 份房地产估价报告符合《房地产估价规范》的要求；

12. 在申请核定资质等级之日前 3 年内无本办法第三十二条禁止的行为。

（二）二级资质

1. 机构名称有房地产估价或者房地产评估字样；

2. 取得三级房地产估价机构资质后从事房地产估价活动连续 4 年以上；

3. 有限责任公司的注册资本人民币 100 万元以上，合伙企业的出资额人民币 60 万元以上；

4. 有 8 名以上专职注册房地产估价师；

5. 在申请核定资质等级之日前 3 年平均每年完成估价标的物建筑面积 30 万平方米以上或者土地面积 15 万平方米以上；

6. 法定代表人或者执行合伙人是注册后从事房地产估价工作 3 年以上的专职注册房地产估价师；

7. 有限责任公司的股东中有 3 名以上、合伙企业的合伙人中有2名以上专职注册房地产估价师，股东或者合伙人中有一半以上是注册后从事房地产估价工作3年以上的专职注册房地产估价师；

8. 有限责任公司的股份或者合伙企业的出资额中专职注册房地产估价师的股份或者出资额合计不低于60%；

9. 有固定的经营服务场所；

10. 估价质量管理、估价档案管理、财务管理等各项企业内部管理制度健全；

11. 随机抽查的1份房地产估价报告符合《房地产估价规范》的要求；

12. 在申请核定资质等级之日前3年内无本办法第三十二条禁止的行为。

（三）三级资质

1. 机构名称有房地产估价或者房地产评估字样；

2. 有限责任公司的注册资本人民币50万元以上，合伙企业的出资额人民币30万元以上；

3. 有3名以上专职注册房地产估价师；

4. 在暂定期内完成估价标的物建筑面积8万平方米以上或者土地面积3万平方米以上；

5. 法定代表人或者执行合伙人是注册后从事房地产估价工作3年以上的专职注册房地产估价师；

6. 有限责任公司的股东中有2名以上、合伙企业的合伙人中有2名以上专职注册房地产估价师，股东或者合伙人中有一半以上是注册后从事房地产估价工作3年以上的专职注册房地产估价师；

7. 有限责任公司的股份或者合伙企业的出资额中专职注册房地产估价师的股份或者出资额合计不低于60%；

8. 有固定的经营服务场所；

9. 估价质量管理、估价档案管理、财务管理等各项企业内部管理制度健全；

10. 随机抽查的 1 份房地产估价报告符合《房地产估价规范》的要求；

11. 在申请核定资质等级之日前 3 年内无本办法第三十二条禁止的行为。

根据上述规定，房地产交易主体在进行评估服务委托前，可以通过查看该机构的注册资本、估价师人数、机构评估经历等硬性指标来判断该机构的资质等级，从而选择一个合格的房地产评估机构。

4.15 房地产估价机构申请资质的受理部门有哪些？

房地产估价机构申请资质的受理部门根据其申请资质等级的不同而不同。

申请核定一级房地产估价机构资质的，应当向省、自治区人民政府建设行政主管部门、直辖市人民政府房地产行政主管部门提出申请，并提交相关的材料。省、自治区人民政府建设行政主管部门、直辖市人民政府房地产行政主管部门应当自受理申请之日起 20 日内审查完毕，并将初审意见和全部申请材料报国务院建设行政主管部门。国务院建设行政主管部门应当自受理申请材料之日起 20 日内做出决定。

二、三级房地产估价机构资质由设区的市人民政府房地产行政主管部门初审，具体许可程序及办理期限由省、自治区人民政府建设行政主管部门、直辖市人民政府房地产行政主管部门依法确定。省、自治区人民政府建设行政主管部门、直辖市人民政府房地产行政主管部门应当在做出资质许可决定之日起 10 日内，将准予资质许可的决定报国务院建设行政主管部门备案。

4.16 申请房地产估价机构资质等级应当提交哪些材料？

根据《房地产估价机构管理办法》的规定，申请核定房地产估价机构资质等级，应当如实向资质许可机关提交下列材料：

（1）房地产估价机构资质等级申请表（一式二份，加盖申报机构公章)；

(2) 房地产估价机构原资质证书正本复印件、副本原件；

(3) 营业执照正、副本复印件(加盖申报机构公章)；

(4) 出资证明复印件(加盖申报机构公章)；

(5) 法定代表人或者执行合伙人的任职文件复印件(加盖申报机构公章)；

(6) 专职注册房地产估价师证明；

(7) 固定经营服务场所的证明；

(8) 经工商行政管理部门备案的公司章程或者合伙协议复印件(加盖申报机构公章)及有关估价质量管理、估价档案管理、财务管理等企业内部管理制度的文件、申报机构信用档案信息；

(9) 随机抽查的在申请核定资质等级之日前3年内申报机构所完成的1份房地产估价报告复印件(一式二份，加盖申报机构公章)。

值得注意的是，申请人应当对其提交的申请材料实质内容的真实性负责。如果新设立的中介服务机构申请房地产估价机构资质的，应当提供以上除第(2)项、第(9)项外的所有材料。

4.17 不同资质的房地产估价机构其业务范围有何不同？

根据《房地产估价机构管理办法》的规定，从事房地产估价活动的机构，应当依法取得房地产估价机构资质，并在其资质等级许可范围内从事估价业务。具体说来，不同的房地产估价机构，其业务范围有以下区别：

一级资质房地产估价机构可以从事各类房地产估价业务；

二级资质房地产估价机构可以从事除公司上市、企业清算以外的房地产估价业务；

三级资质房地产估价机构可以从事除公司上市、企业清算、司法鉴定以外的房地产估价业务。

暂定期内的三级资质房地产估价机构可以从事除公司上市、企业清算、司法鉴定、城镇房屋拆迁、在建工程抵押以外的房地产估价业务。

4.18 设立房地产估价机构的分支机构有什么样的规定?

根据《房地产估价机构管理办法》的规定,一级资质房地产估价机构可以按照本办法第二十条的规定设立分支机构。二、三级资质房地产估价机构不得设立分支机构。

分支机构应当以设立该分支机构的房地产估价机构的名义出具估价报告,并加盖该房地产估价机构公章。其设立应当具备下列条件:

(1) 名称采用"房地产估价机构名称+分支机构所在地行政区划名+分公司(分所)"的形式;

(2) 分支机构负责人应当是注册后从事房地产估价工作3年以上并无不良执业记录的专职注册房地产估价师;

(3) 在分支机构所在地有3名以上专职注册房地产估价师;

(4) 有固定的经营服务场所;

(5) 估价质量管理、估价档案管理、财务管理等各项内部管理制度健全。

注册于分支机构的专职注册房地产估价师,不计入设立分支机构的房地产估价机构的专职注册房地产估价师人数。

新设立的分支机构,应当自领取分支机构营业执照之日起30日内,到分支机构工商注册所在地的省、自治区人民政府建设行政主管部门、直辖市人民政府房地产行政主管部门备案。省、自治区人民政府建设行政主管部门、直辖市人民政府房地产行政主管部门应当在接受备案后10日内,告知分支机构工商注册所在地的市、县人民政府房地产行政主管部门,并报国务院建设行政主管部门备案。分支机构变更名称、负责人、住所等事项或房地产估价机构撤销分支机构,应当在工商行政管理部门办理变更或者注销登记手续后30日内,报原备案机关备案。

4.19 房地产估价机构的分支机构备案应当提交哪些材料?

根据《房地产估价机构管理办法》的规定,房地产估价机构

的分支机构备案,应当提交下列材料:

(1) 分支机构的营业执照复印件;

(2) 房地产估价机构资质证书正本复印件;

(3) 分支机构及设立该分支机构的房地产估价机构负责人的身份证明;

(4) 拟在分支机构执业的专职注册房地产估价师注册证书复印件。

4.20 房地产估价机构不得参与哪些行为?

为了保证委托人的合法权益,按照《房地产估价机构管理办法》的规定,房地产估价机构有以下行为的,委托人可以坚决予以举报:

(1) 涂改、倒卖、出租、出借或者以其他形式非法转让资质证书;

(2) 超越资质等级业务范围承接房地产估价业务;

(3) 以迎合高估或者低估要求、给予回扣、恶意压低收费等方式进行不正当竞争;

(4) 违反房地产估价规范和标准;

(5) 出具有虚假记载、误导性陈述或者重大遗漏的估价报告;

(6) 擅自设立分支机构;

(7) 未经委托人书面同意,擅自转让受托的估价业务;

(8) 法律、法规禁止的其他行为。

4.21 哪些情况下可以依法撤销房地产估价机构资质?

根据《房地产估价机构管理办法》的规定,有下列情形之一的,资质许可机关或者其上级机关,根据利害关系人的请求或者依据职权,可以撤销房地产估价机构资质:

(1) 资质许可机关工作人员滥用职权、玩忽职守做出准予房地产估价机构资质许可的;

(2) 超越法定职权做出准予房地产估价机构资质许可的；

(3) 违反法定程序做出准予房地产估价机构资质许可的；

(4) 对不符合许可条件的申请人做出准予房地产估价机构资质许可的；

(5) 依法可以撤销房地产估价机构资质的其他情形。

房地产估价机构以欺骗、贿赂等不正当手段取得房地产估价机构资质的，应当予以撤销。

4.22 什么是专业的房地产估价人员？

所谓专业房地产估价人员是指经过房地产估价人员相应职业资格考试或者认定、互认，取得相应职业资格证书并注册生效，专门从事房地产估价活动的人员。房地产估价人员职业资格有房地产估价师执业资格和房地产估价员从业资格两种。专业房地产估价人员有房地产估价师和房地产估价员两类。

4.23 从事房地产评估业务的人员有哪些具体要求？

按照《城市房地产中介服务管理规定》，国家对从事房地产评估业务的人员，实行房地产价格评估人员资格认证制度。房地产价格评估人员分为房地产估价师和房地产估价员。

房地产估价师必须是经国家统一考试、执业资格认证，取得《房地产估价师执业资格证书》，并经注册登记取得《房地产估价师注册证》的人员。未取得《房地产估价师注册证》的人员，不得以房地产估价师的名义从事房地产估价业务。房地产估价师的考试办法，由国务院建设行政主管部门和人事主管部门共同制定。

房地产估价员必须是经过考试并取得《房地产估价员岗位合格证》的人员。未取得《房地产估价员岗位合格证》的人员，不得从事房地产估价业务。房地产估价员的考试办法，由省、自治区人民政府建设行政主管部门和直辖市房地产管理部门制订。

4.24 房地产估价师的报考条件和考试科目是什么？

凡属中华人民共和国公民，遵纪守法并具备下列条件之一的，可申请参加房地产估价师执业资格考试：

(1) 取得房地产估价相关学科（包括房地产经营、房地产经济、土地管理、城市规划等，下同）中等专业学历，具有 8 年以上相关工作经历，其中从事房地产估价实务满 5 年；

(2) 取得房地产估价相关学科大专学历，具有 6 年以上相关工作经历，其中从事房地产估价实务满 4 年；

(3) 取得房地产估价相关学科学士学位，具有 4 年以上相关工作经历，其中从事房地产估价实务满 3 年；

(4) 取得房地产估价相关学科硕士学位或第二学位、研究生班毕业，从事房地产估价实务满 2 年；

(5) 取得房地产估价相关学科博士学位的；

(6) 不具备上述规定学历，但通过国家统一组织的经济专业初级资格或审计、会计、统计专业助理级资格考试并取得相应资格，具有 10 年以上相关专业工作经历、其中从事房地产估价实务满 6 年、成绩特别突出的。

考试的科目包括：房地产基本制度与政策（含房地产相关知识）、房地产开发经营与管理、房地产估价理论与方法、房地产估价案例与分析。

4.25 什么是注册房地产估价师？

所谓注册房地产估价师是指经全国房地产估价师执业资格统一考试合格或者资格认定、资格互认，依法取得房地产估价师注册证书，从事房地产估价活动的人员。

注册房地产估价师分为专职和兼职两类。专职注册房地产估价师是指与注册所在的房地产估价机构签订了劳动合同，该机构委托当地人才服务中心为其托管人事档案并为其缴纳社会保险的注册房地产估价师。除专职注册房地产估价师之外的注册房地产估价师,为兼职注册房地产估价师。

4.26 什么是估价对象?

估价对象是指一个房地产估价项目中需要评估其客观合理价格或价值的具体房地产。估价对象是丰富多彩、复杂多样的。从实物角度来看,估价对象主要有:(1)无建筑物的空地;(2)有建筑物(包括尚未建成的建筑物)的土地;(3)建筑物(包括尚未建成的建筑物);(4)土地与建筑物(已建成的建筑物)的合成体;(5)在建工程(土地与尚未建成的建筑物的合成体);(6)未来状况下的房地产;(7)已经消失的房地产;(8)现在状况下的房地产与过去状况下的房地产的差异部分;(9)房地产的局部;(10)包含有其他资产的房地产或者以房地产价值为主的一个企业整体;(11)作为企业整体中的一部分的房地产。需要指出的是,上述估价对象虽然是从实物角度来划分的,但评估其客观合理价格或价值仍然包括实物、权益和区位三个方面。从权益角度来看,估价对象主要有:(1)"干净"的房屋所有权和出让土地使用权的房地产(这里的"干净"的意思是指该房地产的手续完备、产权明确且未租赁或者未设有抵押权、典权、地役权或其他任何形式的他项权利,下同);(2)"干净"的房屋所有权和划拨土地使用权的房地产;(3)"干净"的房屋所有权和农民集体所有土地的房地产;(4)部分产权的房地产;(5)共有的房地产;(6)有租约限制的房地产;(7)设定了抵押权的房地产(即已抵押的房地产。抵押人在通知抵押权人并告知受让人的情况下,可以将已抵押的房地产转让给他人。抵押人将已抵押的房地产转让给他人的,不影响抵押权,受让人处于抵押人的地位);(8)设定了典权的房地产;(9)设定了地役权的房地产(即该房地产为他人提供了有限的使用权,如允许他人通行);(10)拖欠工程款的房地产;(11)手续不全的房地产;(12)产权不明或权属有争议的房地产;(13)临时用地或临时建筑的房地产(又有未超过批准期限的和已超过批准期限的);(14)违法占地或违章建筑的房地产;(15)已依法公告列入拆迁或征收、征用范围的房地产；(16)被依法查封、扣押、监管或者以其他形式限制的房地产；(17)房地产的租赁权，即承租人权益；(18)房地产的典权；(19)房地产的空间利用权(又有地下空间利用权和地上空间利用权)；(20)房地产中的无形资产。

4.27 房地产评估机构为房地产评估的一般程序是什么？

一般来说，房地产评估机构为房地产估计包括以下9个步骤：

(1) 接受估价委托；
(2) 明确估价基本事项；
(3) 拟定估价作业方案；
(4) 搜集估价所需资料；
(5) 实地查勘估价对象；
(6) 选定估价方法进行计算；
(7) 确定估价结果；
(8) 撰写估价报告；
(9) 估价资料归档。

简而言之，首先签署评估咨询委托书，接着，需要现场实地查勘的，估价师计算待估对象的价值，出具咨询意见书；不需要实地查勘的，由客户自报资料，估价师计算待估对象的价值，出具评估报告。

4.28 房地产估价合同应当包括哪些内容？

按照《城市房地产中介服务管理规定》，房地产估价机构承揽房地产估价业务，应当与委托人签订书面估价委托合同。作为委托人，也应当在委托房地产估价机构时，主动地与其签订估价合同，以保障自己的合法权益。房地产估价委托合同应当包括下列内容：

(1) 委托人的名称或者姓名和住所；

(2) 估价机构的名称和住所；

(3) 估价对象；

(4) 估价目的；

(5) 估价时点；

(6) 委托人的协助义务；

(7) 估价服务费及其支付方式；

(8) 估价报告交付的日期和方式；

(9) 违约责任；

(10) 解决争议的方法。

4.29 房地产评估是如何收费的？

国家计委等六部门1999年12月22日下发的《中介服务收费管理办法》中指出，中介服务收费实行在国家价格政策调控、引导下，主要由市场形成价格的制度。对评估、代理、认证、招标服务收费等市场竞争不充分或服务双方达不到平等、公开服务条件的中介服务收费实行政府指导价。

在1995年国家计委、建设部《关于房地产中介服务收费的通知》中，进一步具体规定了房地产评估服务的收费：房地产价格评估费，一般可分为房产评估收费和土地评估收费。由具备房地产估价资格并经房地产行政主管部门、物价主管部门确认的机构按规定的收费标准计收。

以房产为主的房产价格评估费，区别不同情况，按照房产的价格总额采取差额定率分档累进计收（见附表）；土地价格评估的收费标准，按国家计委、国家土地局《关于土地价格评估收费的通知》的有关规定执行。

值得注意的是，上述规定的房地产价格评估收费为最高限标准。各省、自治区、直辖市物价、房地产行政主管部门可制定当地具体执行的收费标准，报国家计委、建设部备案。经济特区的收费标准可适当规定高一些，但最高不得超过上述收费标准的30%。

附表 以房产为主的房地产价格评估收费标准计算表

档 次	房地产价格总额(万元)	累进计费率%
1	100 以下(含 100)	5
2	101 以上至 1000	2.5
3	1001 以上至 2000	1.5
4	2001 以上至 5000	0.8
5	5001 以上至 8000	0.4
6	8001 以上至 10000	0.2
7	10000 以上	0.1

4.30 房地产评估公司在进行土地估价的时候,委托人需要提供哪些材料?

为了房地产评估公司准确地进行地价评估,委托人需要积极提供以下这些材料:

(1) 地产权属资料

包括国有土地使用权证书;国有土地使用权出(转)让合同、协议。

(2) 地产规划资料

包括用地红线图;总平面布置图;土地位置图(在城市行政区划图中标出);土地开发规划说明及规划图;土地规划用途、建筑面积、容积率、绿化标准及规划部门的批文。

(3) 地产状况资料

包括工程地质状况资料;地貌状况资料(形状、坡度、障碍物等);自然环境状况资料(生态、景观等);建筑物情况资料(权属、数量、面积、结构、高度、建设年代等);其他地上附着物情况资料;基础设施开发程度资料,即"七通一平"(道路、电力、电讯、自来水、污水、煤气、热力、地坪)情况资料及所花费用;商业服务设施配套情况资料。

(4) 参考资料

包括城市行政区划图；城市交通图（或旅游交通图）；地区宏观发展规划；城市建筑规划管理控制指标；城市概况资料（城市的战略地位、经济发展水平、基础设施、交通条件、人口规模、旅游资源、投资规模）。

（5）地价资料（协助提供）

包括城市基准地价文件及图表；城市用地分类表；城市地价区类划分文件；地产所在地区土地级别；土地取得时所支付的征地、拆迁及安置费用；城市土地典范地价水平（最高价、最低价、平均价）；地产周边土地出（转）让、出租案例（时间、位置、使用、性质、容积率、建筑密度、价格等）；当地政府对基础设施建设配套费的有关规定；地产所在地区物价上涨指数和地价上涨指数。

4.31 房地产估价报告书包括哪些内容？

房地产估价机构完成委托人的估价事务后，应当向委托人出具房地产估价报告书。标准的房地产估价报告书包括以下内容：

（1）报告书封面

报告书名称——委托方拥有房地产的名称及坐落位置；

委托方——委托方的全称；

估价方——受托估价机构全称；

估价人员——参加本估价项目的估价人员姓名；

估价作业日期——正式接受本估价项目委托的年、月、日至完成估价报告的年、月、日；

报告书编号码——有估价机构名称、出具报告年份的简称及机构业务数量的编号。

（2）致委托方函

主要向委托方说明估价对象、估价目的、估价时点及估价结果；落款处有估价机构全称并加盖机构公章，有估价机构法定代表人签字并加盖法人章。

（3）估价师声明

即参加本估价项目的注册房地产估价师对估价过程及估价结果等有关问题的声明,并经参加本估价项目的注册房地产估价师签章。

(4) 估价的假设和限制条件

即对本报告书的估价结果有直接影响的事项说明。

(5) 估价结果报告

估价对象——概要说明待估房地产的状况,主要包括面积大小、四至情况、所在区域的经济环境情况、基础设施状况、房地产结构、内外装修、设备情况等事项描述;

估价目的——反映本估价项目所要达到的目的,为估价报告书的使用限定了方向;

估价时点——说明本估价项目客观、合理价格或价值所对应的年月日(可能是现在、可能是过去或者是将来的某一时间点);

价值定义——说明本估价项目采用的价值标准或价值内涵;

估价依据——说明本估价项目依据的房地产估价规范,国家和地方的法律、法规,委托方提供的有关资料,估价机构和估价人员掌握和搜集的有关资料;

估价原则——说明本估价项目遵循的房地产估价原则(如:合法原则、最高最佳使用原则、替代原则、估价时点原则);

估价方法——说明本估价项目的思路和采用的方法以及这些方法的定义;

估价结果——本估价项目的最终结果,应分别说明总价和单价,并附大写金额;

估价人员——列出所有参加本次估价的人员的姓名、估价资格或职称,并有本人签章;

估价作业日期——说明本估价项目的起止年、月、日(与报告书封面日期一致);

估价报告有效期——说明与估价目的、估价报告完成时间和估价结果相统一的时间范围。一般情况下,有效期为估价报告完成日期起的一年内有效,特殊情况时按估价目的和出报告日期有所不同。

（6）附件

估价对象的权属证明；项目有关批准文件；估价中引用的其他专用文件资料；估价人员和估价机构的资格证明；与估价对象实物相一致的影像资料；房地产估价机构资质证书及营业执照等资料。

4.32 房地产估价报告有什么要求？

作为一份规范的房地产估价报告，应做到下列几点：

（1）全面性：应完整地反映估价所涉及的事实、推理过程和结论，正文内容和附件资料应齐全、配套；

（2）公正性和客观性：应站在中立的立场上对影响估价对象价格或价值的因素进行客观的介绍、分析和评论，作出的结论应有充分的依据；

（3）准确性：用语应力求准确，避免使用模棱两可或易生误解的文字，对未经查实的事项不得轻率写入，对难以确定的事项应予以说明，并描述其对估价结果可能产生的影响；

（4）概括性：应用简洁的文字对估价中所涉及的内容进行高度概括，对获得的大量资料应在科学鉴别与分析的基础上进行筛选，选择典型、有代表性、能反映事情本质特征的资料来说明情况和表达观点。

4.33 出具房地产估价报告一般需要多长时间？

无论哪种性质的估价，都要求委托评估房地产的权属清楚，权属资料齐全，否则，估价机构不能接受委托。在资料齐全、现场查勘顺利的条件下，一般一份完整的估价报告在5～10个工作日内能够完成，二手房交易、公积金贷款等房地产估价，时间会短一些。

4.34 房地产估价应当遵循什么原则？

根据《房地产估价规范》的要求，房地产估价应遵循下列

原则:

(1) 合法原则。应以估价对象的合法使用、合法处分为前提估价。

(2) 最高最佳使用原则。应以估价对象的最高最佳使用为前提估价。

当估价对象已做了某种使用,估价时应根据最高最佳使用原则对估价前提做出下列之一的判断和选择,并应在估价报告中予以说明:

① 保持现状前提:认为保持现状继续使用最为有利时,应以保持现状继续使用为前提估价;

② 转换用途前提:认为转换用途再予以使用最为有利时,应以转换用途后再予以使用为前提估价;

③ 装修改造前提:认为装修改造但不转换用途再予以使用最为有利时,应以装修改造但不转换用途再予以使用为前提估价;

④ 重新利用前提:认为拆除现有建筑物再予以利用最为有利时,应以拆除建筑物后再予以利用为前提估价;

⑤ 上述情形的某种组合。

(3) 替代原则:要求估价结果不得明显偏离类似房地产在同等条件下的正常价格。

(4) 估价时点原则:要求估价结果应是估价对象在估价时点的客观合理价格或价值。

4.35 房地产评估的方法有哪些?

房地产评估方法的选用决定了房地产评估价值的准确性,了解一些相关知识,可以让消费者具有监督相关中介机构评估活动的基本能力。房地产评估方法常用的有成本法、市场比较法、剩余法、收益法、假设开发法,针对土地估价还有基准地价修正法。另外还有路线价法、房地产价格指数调整法等。

(1) 成本法

成本法分为成本积算法和重置成本法两种。

针对土地使用权价值评估,经常叫做成本积算法,即对取得土地或已实现的土地开发的各项成本费用进行核算,剔除不正常因素影响的价值,对于正常成本费用累积后计取一定的资本利息和合理的投资利润,得出土地使用权价值的方法。该方法常用于对正常程序取得的土地的评估。

针对房屋评估,通常称为重置成本法,它是对现有的房屋按照正常市场标准下的重新建造房屋所需成本的测算,然后考虑资金的利息并计取一定的开发(或建设利润)得出完全重置成本价,然后根据实际情况和法律规范确定房屋成新率,二者相乘后得出房屋的评估价值的方法。

(2) 市场比较法

市场比较法的通行做法是挑取市场上相同用途、其他条件相似的房地产价格案例(已成交的或评估过的、具备正常报价的)与待估房地产的各项条件相比较,对各个因素进行指数量化,通过准确的指数对比调整,得出估价对象房地产的价值的方法。这种方法具有较强的实际意义和准确性,在市场经济不太成熟的时候较难适用,在市场较为成熟、成交透明、比较案例易找的时候常常使用,并且估价结果较为准确。

(3) 剩余法

当房地产总价知道或者可以测算出来时,就可以使用这种方法。因为按照"房地产总价=土地使用权价值+房产价值"的公式,在测算出土地使用权价值或房产价值其中一项时,用总价值扣除它后即可得出另一项的价值。这种方法常用于房产或土地的单项估价。

(4) 收益法

房地产之所以有价值,其根本原因是因为它有使用价值,使用价值即为房地产所有者带来收益,收益的大小是决定房地产价值高低的内在原因,通过一定的分析,房地产收益与其价值有一定的比例关系(即房地产收益率)。不同的地区、不同用途、类型的房地产收益率也有所不同，根据待估房地产的收益返算其价值的方法即为收益还原法。房地产价值等于房地产纯收益除以收益还原利率。

（5）假设开发法

对于一个未完成的房地产开发项目（纯土地或在建工程等），通过测算正常开发完毕后的市场价值，然后扣除剩余开发任务的正常投入，即得出待估房地产价值的方法。

（6）基准地价法

对于城市土地使用权的价值，近年来进行了大范围的基准地价评定工作，并且已得出城市不同级别的土地的基准地价，这对于衡量城市土地使用权的价值具有较可靠的指导意义。针对到某一地块的土地使用权价值评估，可以参照已有的同级别、同用途的基准地价，进行一般因素、区域因素、个别因素的调整，最后得出估价对象土地使用权价值的方法。这种方法有一定的政策性。

（7）路线价法

土地使用权的价值跟土地所处位置（临街状况：宽度深度）有很大的关系，对于同一街区，土地的价值具备相对的稳定性，如果知道该街区土地的平均价格，通过临街宽度、临街深度的调整得出估价对象土地价值的方法即为路线价法。

第5章

如何通过中介出租房屋

随着人们生活水平的提高,很多住宅房屋出租人手中除了自住型的房屋外还拥有可出租的房屋,他们想把这些房屋租出去赚取租金;商铺出租人也只有把商铺出租出去,才能实现投资的目的。但是出租人自己找承租人相对花费时间长、耗费精力大,需要不停地通过各种渠道找房、联系、约时间、看房、选房,不但浪费时间和精力而且很有可能出现各种租后风险。

最好的方法就是委托具有专业资质的中介公司来操作。出租人委托房地产中介公司把自己的房子租出去的行为是房屋租赁代理行为,那么,在委托中介公司之前,出租人的哪些房屋可以出租;在众多的房地产租赁代理机构中,出租人如何选择诚信可靠的房地产中介机构等等,这些问题需要出租人在租赁代理委托合同签订前了解这些基本的知识。

房屋出租人清楚了房屋租赁代理的相关基本知识后,就可以和相关的当事人签订房屋租赁合同了。合同的签订,意味着双方权利和义务的形成,以及法律关系的形成,所以这一步必须要谨慎和细心。充分了解这些知识,才能保证房屋出租人在合同的签订过程中,不留下隐患,更重要的是,在合同的履行当中,确保房屋出租人能够自觉履行自己的义务并且充分主张自己的权利不受到侵害。

最后,要想做个聪明的房屋出租人,为了不在委托中介的过程中受骗,为了在与承租人的周旋中可以谈妥更高的租金价格等等,房屋出租人要知道"黑中介"的一些惯用的伎俩以及出租房屋时的一些注意事项和可以灵活使用的技巧。

5.1 什么是房屋租赁?

房屋租赁是指出租人(一般为房屋所有权人)将房屋出租给承租人使用,由承租人向出租人支付租金的行为。

房屋租赁也包括转租。转租是指承租人经过出租人同意,在自己承租的期限内,将承租的房屋出租给新的承租人的行为。

房屋租赁时,出租人和承租人应当签订书面合同。合同应当载明出租房屋的范围、面积、租赁的期限、租金数额及交付时间、房屋修缮的责任以及违约责任等条款,并到房屋所在地的房地产管理部门办理备案登记,领取《房屋租赁证》。

5.2 房屋租赁的行业主管部门有哪些?房屋租赁适用法律是什么?

国务院建设行政主管部门主管全国城市房屋租赁管理工作。

省、自治区建设行政主管部门主管本行政区域内城市房屋租赁管理工作。

直辖市、县人民政府房地产行政主管部门(以下简称房地产管理部门)主管本行政区域内的城市房屋租赁管理工作。

《城市房屋租赁管理办法》适用于直辖市、市、建制镇的房屋租赁。《城市房屋租赁管理办法》中规定:房屋所有权人将房屋出租给承租人居住或提供给他人从事经营活动及以合作方式与他人从事经营活动的,均应遵守本办法。

5.3 哪些情形下的房屋不得出租?

根据《城市房屋租赁管理办法》,有下列情形之一的房屋不得出租：

（1）未依法取得房屋所有权证的；

（2）司法机关和行政机关依法裁定、决定查封或者以其他形式限制房地权利的；

（3）共有房屋未取得共有人同意的；

（4）权属有争议的；

（5）属于违法建筑的；

（6）不符合安全标准的；

（7）已抵押，未经抵押权人同意的；

（8）不符合公安、环保、卫生等主管部门有关规定的；

（9）有关法律、法规规定禁止出租的其他情形。

5.4 房屋所有权人将房屋提供给他人从事经营活动及以合作方式与他人从事经营活动的，是否应遵守《城市房屋租赁管理办法》？

房屋所有权人将房屋出租给承租人居住或提供给他人从事经营活动及以合作方式与他人从事经营活动的，均应遵守《城市房屋租赁管理办法》。

5.5 住宅用房和经营性房屋的租赁有何不同？

我国对住宅用房和生产、经营性房屋的租赁分别采取不同的管理制度。《城市房地产管理法》规定："住宅用房的租赁，应当执行国家和房屋所在城市人民政府规定的租赁政策。租用房屋从事生产、经营活动的，由租赁双方协商议定租金和其他租赁条款。"具体来说，住宅用房和经营性房屋的租赁有以下不同：

（1）租金标准不同。住宅的租赁必须执行国家和房屋所在城市人民政府规定的租赁政策的租金标准。各地都规定了住房租金的统一标准或最高限价，租赁双方必须执行。经营性房屋的租赁可以由双方协商议定租赁价格。

（2）修缮责任不同。住宅用房的自然损坏，由出租人承担维修责任。由于承租人对生产、经营性用房的装饰维修常常有特殊要求，故其维修责任应在房屋租赁合同中约定，比如规定由承租人进行维修，或者规定由承租人对房屋的某种维修项目或房屋的特定部位进行维修。

（3）违约责任不同。公有住房的承租人无正当理由闲置住房达6个月以上的，出租人有权终止合同，收回房屋。公有经营性房屋的租赁无此规定，只要承租人按时交纳租金，是否闲置不用，属于承租人的权利。

5.6 个人能将公有住房出租吗？

建设部《城市公有房屋管理规定》（1994年4月1日施行）第一章第六条这样规定："房屋产权人和使用人对所管理和使用的房屋负有保护责任，任何单位和个人不得侵占、损坏公有房屋，不得利用房屋获取非法利益。"根据此条款，个人是不能将公有房屋出租的。

公家将公房分给个人，实际上是将公房租给个人，每月个人需向公家交房租，个人与公家之间的关系应该是租赁关系。

但是建设部又颁发《城市房屋租赁管理办法》（1995年6月1日起施行）第一章第三条规定："承租人经出租人同意，可以依据本办法将承租房屋转租。"第四条规定："公民、法人或其他组织对享有所有权的房屋和国家授权管理和经营的房屋可以依法出租。"

分析上述两个规定，后一个规定对出租公房问题也有了适当的放松，但规定的原则是如果承租人（个人）将所租用的公房出租，前提条件是需经公家（原出租人）同意。实际上，该法规把公房能否出租的问题留给了有产权的单位。如果该单位作为原出租人同意其单位职工转租房子，那么转租就为合法。

5.7 将已经出售给个人的公房出租是否合法呢？

按现行房改规定，售出的公房5年以后可以出租、出售。

5.8 出租房屋时为什么要办理《房屋租赁许可证》?

出租方在出租房屋时需办理《房屋租赁许可证》。根据建设部《城市房屋租赁管理办法》的规定,只有在取得房屋租赁许可证,并交纳契税之后,其行为才是合法的。作为具有法律效力的房屋租赁合同,租赁登记是合同生效的必要条件。如果未履行这一法定程序,该合同即被视为无效,其内容不受法律保护。一旦承租人违反该合同,出租人将遭受经济损失。也就是说,在承租人拖欠房租的情况下,出租人无法利用法律手段维护自己的合法权益。

5.9 办理《房屋租赁许可证》程序是什么?

(1) 房屋出租人需要向所在地房管部门提交书面申请报告。

(2) 房屋出租人凭下列有效证件办理《房屋租赁许可证》:

出租个人私有房屋的,需持出租房屋的《房屋所有权证》或《房地产权证》,如房屋有共有人的,还需提交《房屋共有权保持证》或《房地产权共有(用)证》和共有人同意出租的证明;

出租房屋所有权人的居民身份证,如委托他人代理出租的,需持房屋所有人授权委托书和代理人身份证;

法人或其他组织出租自有房屋的,需凭法人代表或其他组织的证明及法人代表的身份证;

出租经营管理权的房屋,需凭取得经营管理权的证明和交由其经营管理方同意出租的证明。

(3) 承租人凭下列有效证件租用房屋:个人承租房屋的,本市居民凭本人居民身份证,户口簿,计划生育证件和有关部门的证明;单位承租房屋的,凭本单位的证明。

(4) 所在地房管所提出意见。

(5) 经局审查批准后,发给《房屋租赁许可证》。房屋租赁申请经直辖市、市、县人民政府房地产管理部门审查合格后,颁发《房屋租赁许可证》。

县人民政府所在地以外的建制镇的房屋租赁申请，可由直辖市、市、县人民政府房地产管理部门委托的机构审查，并颁发《房屋租赁许可证》。

《房屋租赁许可证》是租赁行为合法有效的凭证。租用房屋从事生产、经营活动的，《房屋租赁证》作为经营场所合法的凭证。租用房屋用于居住的，《房屋租赁许可证》可作为公安部门办理户口登记的凭证之一。

严禁伪造、涂改、转借、转让《房屋租赁许可证》。

遗失《房屋租赁许可证》应当向原发证机关申请补发。

5.10 申领《房屋租赁许可证》还有哪些规定？

出租人在同一区、县范围内出租多处住宅房屋，可申领一个《房屋租赁许可证》；

出租非住宅房屋的，一处需申领一个《房屋租赁许可证》，证上标明出租房屋地点、数量；

超出证载范围的，应另行申请《房屋租赁许可证》；

出租人为外资企业、中外合资企业、中外合作经营企业、外国公民或港澳台同胞的，按涉外地产管理规定办理；

出租的房屋拆迁或转移，出租人应将《房屋租赁许可证》向填发机关缴销，该证有效期为三年，逾期须重新申办。

5.11 《房屋租赁许可证》的背面印有"须知"，要求被许可人遵守，一个规范的"须知"内容应包括什么？

本证必须经房屋所在地市、县房地产管理部门盖章后生效；

本证必须悬挂在出租房屋明显处，以便检查；

本证不准擅自转借、转让、涂改，遗失的应及时申请补发；

本证可作为工商管理部门审查营业网点用房的凭证；

有效期满，持证人应及时将本证退交发证机关。

5.12 办理房屋租赁需要向有关部门备案吗？具体程序是什么？

根据《中华人民共和国城市房地产管理法》第五十三条规定："房屋租赁，出租人和承租人应当签订书面租赁合同，约定租赁期限、租赁用途、租赁价格、修缮责任等条款，以及双方的其他权利和义务，并向房产管理部门登记备案。"这便是房管部门要求备案的法律依据。

（1）申请。租赁合同签订后30天内，持有关文件到直辖市（省、自治区）、市、县人民政府房地产管理部门办理申请登记备案手续。

（2）提交文件。申请房屋租赁登记备案应提交下列文件：书面租赁合同；房屋所有权证书；当事人的合法证件；人民政府规定的其他文件；如果出租共有房屋，还须提交其他共有人同意出租的证明；出租委托代管房屋，还须提交委托代管人授权出租的证明。

（3）审查。房地产管理部门或其他委托机构在收到上述材料后，便开始进行审查：合同主体是否合格；租赁的客体是否合格；合同的内容是否完备、合法；租赁行为是否符合国家及所在地人民政府规定的租赁政策；是否按有关规定缴纳有关税费等。

（4）发证。房地产管理部门或其他委托机构经过审查，认为合格后，颁发《房屋租赁证》。《房屋租赁证》是租赁行为合法有效的凭证。租用房屋从事生产、经营活动的，《房屋租赁证》作为该营业场所合法凭证；租用房屋用于居住的，该证作为公安部门办理户口登记的凭证。

5.13 房屋租赁当事人应当遵循什么原则？

房屋租赁当事人应当遵循自愿、平等、互利的原则。

5.14 房屋出租人有哪些义务？

房屋租赁出租人按照租赁合同的约定，享有权利，并承担相应的义务。

出租人应当按照租赁合同的约定向承租人交付房屋，交付的房屋应当符合租赁合同约定的可使用状态。

出租非独立成套的房屋，出租人应当在租赁合同中明确承租人使用房屋合用部位的范围、条件和要求。承租人与相邻房屋承租人、使用人对合同部位的使用产生争议的，出租人应出面与相邻房屋承租人或产权人协商处理。

出租人应当定期对房屋进行养护和维修，使房屋处于正常的可使用状态，出租人养护和维修房屋时，应当采取措施减少对承租人使用房屋的影响。

出租人在租赁期限内，确需提前收回房屋时，应当事先商得承租人同意，给承租人造成损失的，应当予以赔偿。

出租人应当依照租赁合同约定的期限将房屋交付承租人，不能按期交付的，应当支付违约金，给承租人造成损失的，应当承担赔偿责任。

出租住宅用房的自然损坏或合同约定由出租人修缮的，由出租人负责修复。不及时修复，致使房屋发生破坏性事故，造成承租人财产损失或者人身伤害的，应当承担赔偿责任。

租用房屋从事生产、经营活动的，修缮责任由双方当事人在租赁合同中约定。

5.15 房屋承租人有哪些义务？

承租人必须按期缴纳租金，违约的，应当支付违约金。

承租人应当爱护并合理使用所承租的房屋及附属设施，不得擅自拆改、扩建或增添。确需变动的，必须征得出租人的同意，并签订书面合同。

因承租人过错造成房屋损坏的，由承租人负责修复或者赔偿。

5.16 房屋租赁非得签书面合同吗？

是的。房屋租赁合同是指当事人之间约定的一方将房屋转移给另一方使用，另一方支付租金的书面意思表示，是房屋租赁的重要法律凭证。根据《中华人民共和国房地产管理法》和《城市房屋租赁管理办法》的规定，对于房屋租赁，当事人应当签订书面租赁合同。在租赁行为中一旦出现纠纷，那么书面合同就是最重要的法律凭证。

5.17 租赁房屋合同中应注意哪些条款？

签订租房合同，是当事人之间确定租价后的最后一道工序，一经签定，双方就应严格按照合同所涉及的内容认真履行，其具有的法律效力从签订之日起生效。因此，双方必须高度重视合同的签订，为日后立下明晰的文字法律依据，以免在合同中出现双方当事人的意思表达不真实或含糊不确切、权利义务不对等的情况，给纠纷调解、仲裁工作带来困难。因此，当事人双方在签订房屋租赁合同时应当包括以下条款：

（1）当事人姓名或名称及住所。在租赁合同中应写明出租人和承租人的姓名或名称及地址。如果出租人或承租人是自然人，则写姓名；如果是单位，则写单位的全称。有时为了联系方便，也写明联系电话。

（2）房屋的坐落、面积、装修及设施情况。坐落位置，最好标明具体的门牌号；房屋使用面积的大小，也要在合同中标明；房屋装修情况及附属设施现状也应在合同中写明，以防将来产生纠纷。此外，还应注明出租房屋的自然间数、楼号层次、建筑结构等。

（3）租赁用途。合同中应明确规定租赁房屋的用途，保证承租人按房屋的使用性能正确使用，避免因使用不当而使房屋受到损失。房屋的用途是由出租房屋的性质和需要确定的。房屋用途一经确定，承租人必须按租赁合同的用途占有使用房屋，如确需改变房屋用途时，必须得到出租人的同意，并且增补或修改书面协议作为租赁合同中房屋用途的组成部分。承租人擅自用所租房屋堆积、存放易燃、易爆、易腐蚀物品的，除首先得到出租人的同意外，必须经有关部门批准，从而减少房屋的危险程度，维护房屋正常使用。出租房尤其要注意在合同中约定承租人不得有违法行为。

(4) 租赁期限。合同中应明确具体的承租期限,并应约定具体的交房时间,租赁期满后,出租人便有权收回房屋。在合同中必须单列条款明确规定该私有房屋租赁期限自某年、月、日至某年、月、日止。租赁期满后,双方协商愿意继续租赁的,必须重新商议,另外签订新的租赁合同。

(5) 租赁价格。即租金,这是租赁合同的重要条款。合同中应明确租金的计算标准、支付方式。支付方式即用现金或支票等方式、支付时间、支付地点及每次支付的具体金额。租赁合同中应写明按季交租还是按月交租,或按年交租等,甚至在何日交租都必须在合同中明确,以免租赁双方在交租问题产生纠纷。租金的交付方法由双方协商确定。

(6) 房屋修缮责任。合同中应写明在租赁期内,房屋由谁来进行修缮。一般情况下,对于房屋局部损害的修缮应当由出租人来负责。但根据具体情况,双方也可以另行约定。

(7) 有关转租的约定。转租是承租人将所租赁的房屋再出租给别人,这在日常生活中也经营出现。一般情况下,转租是不允许的,但经出租人同意,承租人也可转租。因此,双方应就是否可以转租进行约定。

(8) 变更和解除合同的条件。随着时间和条件的变化,原租赁合同中的部分条款可能需要变更,或者需要解除原租赁合同。因此,租赁合同中应明确规定在什么情况下可以变更合同,什么情况下可以解除合同。

(9) 违约责任。即当事人如果违反合同约定或不履行合同中规定的义务,应承担什么样的责任。这是一个惩罚条款,目的是督促双方当事人都如约履行合同。

(10) 租赁双方当事人的权利和义务。私有房屋租赁合同的双方当事人,各自享有一定的权利,也分别承担一定的义务。在合同中,要分别规定出租人(所有权人)的权利和义务有哪些,承租人(使用权人)的权利有哪些。

(11) 当事人认为需要约定的其他条款,如纠纷的解决方式或合同的生效时间等。

5.18 租赁期限内,房屋出租人转让房屋所有权的,房屋受让人是否应当继续履行原租赁合同的规定?

租赁期限内,房屋出租人转让房屋所有权的,房屋受让人应当继续履行原租赁合同的规定。

5.19 房屋出租人在租赁期限内死亡的,其继承人是否应当继续履行原租赁合同?

出租人在租赁期限内死亡的,其继承人应当继续履行原租赁合同。

5.20 住宅用房承租人在租赁期限内死亡的,其家庭成员是否可以继续承租?

住宅用房承租人在租赁期限内死亡的,其共同居住两年以上的家庭成员可以继续承租。

5.21 哪些情形下,房屋租赁当事人可以变更或者解除租赁合同?

(1) 符合法律规定或者合同约定可以变更或解除合同条款的;
(2) 因不可抗力致使租赁合同不能继续履行的;
(3) 当事人协商一致的。

因变更或者解除租赁合同使一方当事人遭受损失的,除依法可以免除责任的以外,应当由责任方负责赔偿。

5.22 承租人有哪些行为的,出租人有权终止合同、收回房屋,因此而造成损失的,由承租人赔偿?

(1) 将承租的房屋擅自转租的;

(2) 将承租的房屋擅自转让、转借他人或擅自调换使用的；
(3) 将承租的房屋擅自拆改结构或改变用途的；
(4) 拖欠租金累计六个月以上的；
(5) 公用住宅用房无正当理由闲置六个月以上的；
(6) 租用承租房屋进行违法活动的；
(7) 故意损坏承租房屋的；
(8) 法律、法规规定其他可以收回的。

5.23 房屋租赁期限届满，承租人如何继续租用房屋？

房屋租赁期限届满，租赁合同终止。承租人需要继续租用的，应当在租赁期限届满前3个月提出，并经出租人同意，重新签订租赁合同。

5.24 房屋出租人必须提醒承租人提前多长时间提出续租申请？

租赁期满，租赁合同终止，承租人需要继续租用的，应当在租赁期限届满前三个月提出并经出租人同意，重新签订租赁合同。

5.25 什么情况下的房屋瑕疵，出租人应同意承租人解除合同？

在出租人与承租人签订了租赁合同，承租人支付了出租人租金及保证金，承租人入住后，经常会出现承租人发现了房屋的瑕疵并要求退房的情况，那出租人是否均应对承租人的要求予以满足？

首先，瑕疵一般包括权利瑕疵和物的瑕疵。我国产品质量法所称的瑕疵是指：产品不具备应有的使用性能；产品质量不具备应有的使用性能；产品质量不符合明示的质量状况；产品存在危及人身、财产安全的不合理的危险；产品丧失原有的使用价值，这一表述对物的瑕疵概括得比较全面。

物存在危及人身、财产安全的不合理危险,是一种特殊的瑕疵,我们称之为缺陷或构成缺陷的瑕疵;而有的瑕疵必须通过专门的办法才能够识别,一般称为隐蔽瑕疵。有些瑕疵在合同中并无明确约定,多数情况下也无需合同中明确约定,因为有法律的明文规定,或者已经是社会基本常识。这样的瑕疵,我们可以称之为默示瑕疵。对于默示瑕疵,除非当事人特别作出免责的规定,否则会产生相应的责任。

举例来说,如果承租人承租的房屋,入住后感到身体不适,可以委托有关机构检测室内空气中游离的化学气体释放量是否超标,如果检查结果显示房屋有害气体超标,不符合居住条件,那么出租人交付的房屋存在着默示瑕疵、隐蔽瑕疵及构成缺陷的瑕疵。出租人提供的房屋室内空气中对人体有害物质含量释放量严重超标,不能满足基本居住条件,这样长期居住会给人的身体健康带来一定危害。则这种出租行为就构成了违约,承租人以租赁房屋的目的不能实现为由提出解除合同,符合于法律规定,法院会支持承租人的诉请。

但是如果承租人发现房屋渗漏水时,是否可以要求退租?承租人入住后发现存在水斗、卫生间渗水,墙面出现霉斑等瑕疵,但经过维修是可以解决上述问题的,并不危及人的居住安全,不影响承租人履行租赁合同的目的,所以水斗渗水是不能作为解除租赁合同理由的。

5.26 怎样办理私有房屋租赁合同公证?

城市私有房屋租赁合同公证,是指国家公证机关根据当事人的申请,依法证明私人房屋所有人将个人所有或数人共有的住宅和非住宅用房出租给承租人使用,承租人支付租金,并为此签订明确双方权利、义务的租赁合同行为的真实性、合法性的活动。

证明文件包括的内容有:

(1)出租、承租双方当事人的基本情况;(2)房屋状况(坐落地点、建筑结构、数量等）；(3)房屋所有状况(有无典当、抵押、拍卖等情况)；(4)当事人双方的关系；(5)出租、承租的原因、理由；(6)当事人双方对租赁合同内容是否认可，是否协商一致。

办理私有房屋租赁合同公证时，当事人要填写《公证申请表》，另外，出租方应提交的文件材料包括：居民身份证、户口簿、房屋所有权证及土地使用证；所出租的私有房屋如系共有财产(包括夫妻共有)应提交共有人同意出租的书面意见及委托书、租赁合同文本。

承租方应提交的材料包括：居民身份证、户口簿，无本市城镇常住户口的个体工商户需承租城市私有房屋的，应提交本市工商行政管理机关同意进城经营的证明；所使用的房屋坐落在市区的，需提交承租单位主管局和市房地产管理局的批准证件；所租用的房屋坐落在郊区县的，需提交当地区、县人民政府的批准文件。

在上述证件齐备并符合有关规定之后，公证部门主要对以下这些事项进行审查：

(1) 查验所提交的证件、材料是否属实、完整。

(2) 当事人是否具有完全的民事行为能力。

(3) 私有房屋租赁合同是否明确规定了双方的权利、义务，是否具备了下列条款：①当事人双方的基本情况；②出租、承租房屋的坐落地点、房屋间数、建筑结构、装修设备、附属设施和使用面积；③租赁期间房屋修缮责任(包括费用负担和承担劳务)；④租赁期限、用途和可否改变房屋结构，增添或改装设备的约定；⑤租金金额数、交租日期及方法；⑥合同的担保条款；⑦双方依法纳税的约定；⑧违约责任；⑨合同终止、变更、解除的条件和规定；⑩合同双方当事人认为其他应当规定的条款。

(4) 审查合同条款是否符合国家法律、法规和现行政策规定；合同条款是否完备；文字表述是否准确，双方签字盖章是否属实。

5.27 公房如何租赁过户?

承租人死亡或申请迁出本市,其同居一处、同籍两年以上的家庭成员,可以申请住房租赁过户。住房租赁过户按其家庭成员中配偶、子女、其他亲属的顺序并征得家庭成员同意后方可办理。

不符合上述条件的,与承租人同居一处、同籍两年以上的家庭成员或不同居一处的法定直系亲属,需住房租赁过户的可通过房改购房办理。

此外,房管部门将审核住房租赁过户申请书、死亡或户口迁出本市证明、户口簿、身份证、租赁合同等证件,并定期对办结的住房租赁过户证上报备案。

5.28 续不续租应该谁做主?

按照国家有关规定,房屋出租的手续,要经过房管部门和公安部门批准。房屋出租期满后,发生纠纷应分不同情况处置,一种是租房人拒不退房,另一种是房主不允许续租。

这两种情况无论如何处理,首先要看的是房主与租房人签合同时,对此是怎样规定的。房屋租赁合同是出租人提供房屋给租房人使用,租房人交付租金,并于租赁关系终止时,将房屋还给房主的协议。显然,房屋租赁合同在约定期满后就自然终止,也就是说,此时出租人与承租人的租赁关系已经自然解除。但在实际生活中,经常会发生合同期满后,出租人与租赁人产生纠纷的事情。在碰到这种情况时,一般的处理原则是既要维护出租人的所有权,又要使承租人有房可住。

在碰到第一种情况时,解决的一般方式是,租赁期满后,出租人如需收回房屋,应在收回前通知承租人,以便让承租人找到住房;出租人应给予适当的协助,一方面帮助承租人找房,另一方面也可酌情延长承租人居住的时间,使其找房、腾房有更充裕的时间。如果租房人有房不迁,或发现有非法行为,房主可以诉请人民法院强令其搬出。

至于房屋租赁期满后,承租人要求续租的,在合法的情况下,房主与租房人达成新的协议后,出租人应当允许租房人续租。如果出租人不同意租户提出的条件,可视为租户放弃续租权,出租人可以和他人建立新的租赁关系。

另一种情况是,在租赁期满后,承租人认为现在条件不合适,要求降低租金的,出租人如果同意,便可以续租;如果出租人不同意,原租赁合同则如期终止,承租人应在出租人给予的合理期限内搬出所租住的房屋,如果租房人不迁出,房主可请法院强行将其迁出。

5.29 租期内当事人身故怎么办?

在租赁期间,出租人死亡,不影响原租赁合同的效力,当出租人的继承人继承房屋时,该继承人便成为新的产权人。根据我国法律的规定,原租赁合同对承租人和继承继续有效,并不因出租人死亡而影响合同的效力。

在租赁期内承租人死亡是否影响原租赁合同的效力应当分情况而论。在《最高人民法院关于贯彻执行〈中华人民共和国民法通则〉若干问题的意见(试行)》中明确规定:"承租户以一人名义承租私有房屋,在租赁期内,承租人死亡,该户共同居住人要求按原租约履行,应当准许。"这种情况下,承租人以一人的名义与出租人签订协议,但并不是其一人居住,而是与家人共同居住,如果承租人死亡,其他共同居住人有权要求继续履行原合同。

当该承租人没有共同居住人时,则原租赁合同视为自动失效,原没有与承租人共同居住的亲属未经出租人同意,不得擅自搬入。

5.30 租赁期满后房主是否可以立即叫房客迁出?

房屋租赁期满,房屋租赁合同即终止,承租人应按合同日期迁出承租房屋。如果承租人需要继续使用该房屋，应当在租赁期届满三个月提出，并经出租人同意，重新签订新的租赁合同。

　　房屋不同于其他的租赁物，在房屋租赁期满后，出租人不论是收回自用还是准备租给其他人，都有一定的时间安排。因而，承租人应当提前决定是否继续使用，并向出租人提出，以便出租人及时安排。提前向出租人提出的另一个作用是，如果出租人由于种种原因不能再将该房出租给原承租人，承租人也可以及时安排，以免陷入被动局面。

　　如果承租人未及时提出继续租用的要求，但在租赁期满后又未及时迁出承租的房屋，即属违约行为。这时，承租人除了应支付逾期使用期间租金外，还应偿付违约金；如果因这一违约行为给出租人造成经济损失，而这种损失已超过违约金的，还应给予赔偿。

　　对于私有出租的房屋，适用于《城市私有房屋管理条例》第二十条规定："如承租人到期确实无法找到房屋，出租人应当酌情延长租赁期限。"

　　有些出租人在租赁期满后，并不向承租人提出收回房屋，而继续向承租人收取房租，这实际上是承诺了租赁的延长，而不能称承租人违约。但这种延长的租赁关系得不到法律的保护，易于产生纠纷。因此，如果双方都愿意续约，应重新办理租赁备案登记手续，领取《房屋租赁证》。

　　另一种情况，就是尚在房屋租赁关系存续期间，出租人由于某种原因，确定提前收回出租房屋时，应当事先征得承租人的同意。如果因出租人提前收回出租房屋而给承租人造成损失的，应当给承租人以经济赔偿。

5.31　出租房屋如遇拆迁应如何安置？

　　出租房屋如果遇到拆迁安置问题，建设单位安置的新房，产权仍归原房主，原房屋已存在的租赁关系依然有效可按租赁合同继续执行，出租人不得以拆迁为借口，终止租赁合同，收回房屋。

但因所补偿安置的房屋与被拆迁房屋原状有所不同,租赁双方也可根据实际情况,对租金作相应的调整。已租赁的非居住房屋被拆迁时,建设单位可根据使用人的实际情况和要求,安置新房或作价补偿。如果采取安置新房的形式,原租赁关系可继续保持;如果安置后的房屋,不适合承租人原用途,房屋租赁双方可以解除合同,承租人的用房由建设单位另行安置,如果采取作价补偿的形式房屋租赁关系自然解除,承租人的用房由建设单位安置。

5.32　什么是房屋租赁代理?

房屋租赁代理是指房地产经纪机构接受房屋出租人委托,代理出租房屋并在出租人授权范围内与承租人签订房屋租赁合同的经营活动。

5.33　房屋租赁代理属于房地产中介机构的什么类型的业务?

房地产中介机构的业务范围包括:房地产咨询中介、房地产评估中介、房地产经纪中介。房屋租赁代理业务属于房地产经纪中介。

房地产经纪中介是指为委托人提供房地产信息和居间代理业务的活动。

5.34　房地产中介服务机构必须具备什么条件?

根据《城市房地产中介服务管理规定》,从事房地产中介业务,应当设立相应的房地产中介服务机构。

房地产中介服务机构,应是具有独立法人资格的经济组织。

设立房地产中介服务机构应具备下列条件:

(1) 有自己的名称、组织机构;

(2) 有固定的服务场所;

(3) 有规定数量的财产和经费;

(4) 从事房地产咨询业务的，具有房地产及相关专业中等以上学历、初级以上专业技术职称人员须占总人数的50%以上；从事房地产评估业务的，须有规定数量的房地产估价师；从事房地产经纪业务的，须有规定数量的房地产经纪人。

房地产中介服务机构应履行以下义务：
(1) 遵守有关的法律、法规和政策；
(2) 遵守自愿、公平、诚实信用的原则；
(3) 按照核准的业务范围从事经营活动；
(4) 按规定标准收取费用；
(5) 依法交纳税费；
(6) 接受主管部门及其他有关部门的指导、监督和检查。

5.35 房屋租赁当事人应选择什么样的房地产经纪机构？

选择有房地产经纪资质的中介机构代理房屋租赁。要查验其营业执照、房地产经纪机构（或分支机构）备案证书、房地产经纪从业人员资格证书。

根据有关规定，上述证照均应在经营场所公示。

房屋出租人还应查验房地产经纪信用档案，房地产经纪信用档案系统可显示房地产经纪机构及从业人员的良好信息及不良信息（不良信息含提示信息及警示信息）。

5.36 房地产中介机构是否应该公布收费标准？

中介服务机构应当在其经营场所或交缴费用的地点，在醒目位置公布其收费项目、服务内容、计费方法、计收标准。

房地产中介机构在接受当事人委托时应当主动向当事人介绍有关中介服务的收费的办法及服务内容。

5.37 通过中介出租房屋的具体程序是什么？

第一步：房屋出租人主动了解出租资讯。首先要清楚自己的房子是否具备出租条件，如果条件具备，就应该比较一下自己房子周边物业的租金情况，以便衡量自己的定价。这是因为房屋的地段、质量、户型、装修档次、电器配备等都会影响租金高低。这一步要做到"心中有数"。

第二步：办理《房屋租赁许可证》。

第三步：通过房地产中介机构为你寻找客户。在房地产中介机构为你提供的房屋租赁代理服务并向你推荐承租人时，除了要作到清楚什么人租用、做什么用途、租用多长时间等，最重要的事情是清楚对方的需求和身份，尽量选择收入稳定、学历高、有良好教育背景的人士。如是外地人，需要他提供在京暂住证明。如果承租者符合你的基本要求，就可以约定时间来看房、见面了。

第四步：接待看房。如果有了满意的承租者，房地产中介机构的房屋租赁代理经纪人会立即为你接洽看房事宜，跟你预约上门看房日期、时间。

第五步：房租租赁当事人双方签订租赁合同。租赁双方达成一致意见后，就可以签订合同。

第六步：房屋交验。在合同规定的房屋交验日，房地产中介机构的房屋租赁代理经纪人将陪同承租方进行房屋现场交验，协助验收房屋内有关家具、电器等设施。此时，房屋租赁当事人双方填写《房屋交验单》，房屋出租方向承租方交付房屋钥匙。

5.38 房地产中介服务委托合同应当包括哪些主要内容？

（1）当事人姓名或者名称、住所；

（2）中介服务项目的名称、内容、要求和标准；

（3）合同履行期限；

（4）收费金额和支付方式、时间；

（5）违约责任和纠纷解决方式；

（6）当事人约定的其他内容。

5.39 委托人通过房地产中介机构办理房屋租赁代理业务时，是否可以索要发票？

根据《城市房地产中介服务管理规定》房地产中介服务费

用由房地产中介服务机构统一收取，房地产中介服务机构收取费用应当开具发票，依法纳税。

5.40 房地产中介服务人员执行业务时，是否可以查阅委托人的有关资料和文件，查看现场？

根据《城市房地产中介服务管理规定》第二十条，房地产中介服务人员执行业务，可以根据需要查阅委托人的有关资料和文件，查看现场。委托人应当协助。

5.41 委托人在通过房地产中介机构办理房屋租赁代理业务时，房地产中介服务人员在房地产中介活动中不得有哪些行为？

（1）索取、收受委托合同以外的酬金或其他财物，或者利用工作之便，牟取其他不正当的利益；
（2）允许他人以自己的名义从事房地产中介业务；
（3）同时在两个或两个以上中介服务机构执行业务；
（4）与一方当事人串通损害另一方当事人利益；
（5）法律、法规禁止的其他行为。

5.42 房地产中介服务人员在接受委托人办理房屋租赁代理业务时，与其有利害关系的，是否应当回避？

房地产中介服务人员与委托人有利害关系的，应当回避。委托人有权要求其回避。

5.43 在通过房地产中介机构办理房屋租赁代理业务时，由于房地产中介服务人员过失，给当事人造成经济损失的，应由谁承担赔偿责任？

因房地产中介服务人员过失，给当事人造成经济损失的，由所在中介服务机构承担赔偿责任。所在中介服务机构可以对有关人员追偿。

5.44 房地产中介服务机构是否可以将其业务转让委托给其他中介服务机构代理？

根据《城市房地产中介服务管理规定》第十六条，经委托人同意，房地产中介服务机构可以将委托的房地产中介业务转让委托给具有相应资格的中介服务机构代理，但不得增加佣金。

5.45 房租应按什么标准收取？

租金标准是房屋租赁合同的重要条款之一，出租人应当按合同约定标准收取租金，不能随意增加租金。

关于出租房屋的租金，《城市房屋租赁管理办法》第七条规定："住宅用房的租赁，应当执行国家和房屋所在地城市人民政府规定的租赁政策。""租用房屋从事生产、经营活动的，由租赁双方协商议定租金和其他租赁条款。"这一办法虽然没有直接明确租金的标准，但明确了住宅用房的租金应当按国家和当地人民政府规定的政策执行，明确了生产、经营用房实行议价租金。

早在1983年国务院公布的《城市私有房屋管理条例》第十六条规定："房屋租金，由租赁双方按照房屋所在地人民政府规定的私有房屋租金标准，协商议定；没有规定标准的，由租赁双方根据公平合理的原则，参照房屋所在地的实际水平协商议定，不得任意抬高。"一些地方的人民政府对住宅用房的租金标准都作了一定的限制，如有的城市规定私有住宅的租金不得高于公有住宅租金标准的三倍。这是因为住宅用房与其他用房不同，关系到人民的日常生活和社会秩序的稳定。

对出租私有住宅用房的租金标准既要予以限制，为什么又允许其高于公有住宅的标准呢？因为我国长期以来实行低租金制，政府每年因此而支付大量的补贴，尽管如此，出租的住宅用房仍然不能维持简单再生产，使得房屋危旧状况长期不易彻底改善。近几年来，虽然推行了住房制度改革，但租金标准仍然很低。这样的低标准如果强加给私有出租房屋，房主必然不愿将房屋出租,反而加剧住房的拥挤状况,不利于居住水平的提高。

对于生产、经营性用户,则无论其属公有或私有,可以由双方协定租金标准,有的称为"议价租金"。对于一些用于社会公益事业的用房,有的地区对租金进行限制,以保障全社会的利益。

5.46 出租人可以随意增加房租吗?

租金标准是房屋租赁合同的重要条款之一,出租人应当按合同约定标准收取租金,不能随意增加租金。

关于出租房屋的租金,《城市房屋租赁管理办法》第七条规定:"住宅用房的租赁,应当执行国家和房屋所在地城市人民政府规定的租赁政策。""租用房屋从事生产、经营活动的,由租赁双方协商议定租金和其他租赁条款。"这一办法虽然没有直接明确租金的标准,但明确了住宅用房的租金应当按国家和当地人民政府规定的政策执行,明确了生产、经营用房实行议价租金。

5.47 出租房屋应交哪些税费?

按照税法的规定,出租房屋应缴纳以下几种税费:

(1) 房产税。房产税是以房产为征税对象,依据房产价格或房产租金收入向房产所有人或经营人征收的一种税。房产税的纳税义务人是房屋的产权所有人,计税依据是房产的计税价值或房产的租金收入。房产出租的,以房产租金收入为房产税的计税依据。按房产出租的租金收入计征的,税率为12%。

从2001年1月1日起,国家规定对个人按市场价格出租的居民住房,按4%的税率征收。将个人房屋出租用于经营的,仍按12%征收。

(2) 城镇土地使用税。城镇土地使用税是以城镇土地为征税对象,对拥有土地使用权的单位和个人征收的一种税。计税依据是纳税人的实际占用土地面积,土地面积计量标准为每平方米。城镇土地使用税采用定额税率,即采用有幅度的差别税额,具体是(每平方米土地使用税年纳税额):大城市 0.5~10 元,中等城市 0.4~8 元,小城市 0.3~6 元,县城、建制镇、工矿区 0.2~4 元。

各省、自治区、直辖市人民政府可根据市政建设情况和经济繁荣程度在规定税额幅度内,确定所辖区域的使用税额幅度。经济落后地区,土地使用税的适用税额标准可适当降低,但降低额度不得超过上述规定最低税额的 30%,经济发达地区的适用税额标准可适当提高,但须报财政部批准。

城镇土地使用税的计算公式为:实际占用应税土地面积(平方米)×适用税额

(3) 营业税。营业税是对规定的提供商品或劳务的全部收入征收的一种税。营业税的税目按照行业、类别的不同分别设置,现行营业税共设置了 9 个税目,其中第七项"服务业"包括租赁业,服务业的税率统一为 5%。

但是营业税的税收优惠里又规定:对个人按市场出租的居民住房,按 3% 的税率征收营业税。将个人房屋出租用于经营的,税率仍为 5%。

(4) 城市维护建设税。城市维护建设税是国家对缴纳增值税、消费税、营业税的单位和个人就其实际缴纳的"三税"税额为计税依据而征收的一种税。税率分别为:纳税人所在地为市区的,税率为 7%,纳税人所在地为县城、镇的,税率为 5%,纳税人所在地不在市区、县城或者镇的,税率为 1%。

(5) 教育费附加。单位和个人在缴纳营业税的同时,应按缴纳的营业税税额的 3% 缴纳教育费附加。

(6) 印花税。印花税是对经济活动和经济交往中书立、使用、领受具有法律效力的凭证的单位和个人征收的一种税。印花税税率分为 5 个档次,其中财产租赁合同适用的税率为千分之一。单位和个人出租房屋,应于签订合同时按双方订立的书面租赁合同所载租赁金额的千分之一贴花。税额不足一元的,按一元贴花。

(7) 个人所得税。个人所得税是对个人取得的各项应税所得征收的一种税。个人所得税=(租金收入-相关税费-修缮费用-800)×10%,当租金收入超过 4000 元时,上述 800 元扣除额改为租金收入的 20%。

5.48 什么是房屋转租?

指房屋承租人将承租的房屋再出租的行为。

承租人在租赁期限内,征得出租人同意,可以将承租房屋的部分或全部转租给他人。出租人可以从转租中获得收益。

5.49 房屋转租是否应该订立转租合同?

房屋转租,应当订立转租合同。转租合同必须经原出租人书面同意,并按规定办理登记备案手续。

转租合同的终止日期不得超过原租赁合同规定的终止日期,但出租人与转租双方协商约定的除外。

转租合同生效后,转租人享有并承担转租合同规定的出租人的权利和义务,并且应当履行原租赁合同规定的承租人的义务,但出租人与转租双方另有约定的除外。

转租期间,原租赁合同变更、解除或者终止,转租合同也随之相应的变更、解除或者终止。

5.50 房屋承租人在租房时有一些惯用的杀价招数,比如故意不表露对房子有好感、不停找房子的缺点、以自己的经济能力不够作为理由要求降价等等,此时房屋出租人应该如何应对?

首先也是最重要的就是房屋出租人准备要出租的房产必须货真价实,也就是说出租人的要价要和自己的房产符合,不要漫天要价,这样会把承租人吓跑的。

在应对承租人的杀价招数时,房屋出租人首先不要轻易相信租房者的话,如果真是如承租人所说的那样,他不会在出租人身上浪费时间。

其次，房屋出租人不要轻易对承租人产生好感，不要感情用事，要保持清醒冷静的头脑。最重要的是不要被承租人的花言巧语或者楚楚可怜所打动。比如有的承租人在最开始与房东的接触中，极力想与房东成为好朋友，卖交情争取拿到最优惠的价格，此时出租人不要受人小恩小惠，要知道兴许坚持一下，每个月就可以多收很多房租的！

最后，如果更有甚者，承租人以要找更好的房子为理由威胁，那就千万别强留，让他去吧，告诉他，我这是最物美价廉的了，千万别后悔！

5.51 房屋出租人出租房屋时需留心哪些细节？

房屋出租人在出租房屋时往往考虑最多的是租金问题，而对一些细节问题疏忽大意，然而往往就是这些看似小的问题却容易造成不必要的困扰甚至损失。对此，出租人在签订出租合约时需要留心七个细节：

（1）要核查承租人身份的真实性及租用的物业为何种用途，了解承租人的基本生活来源，是否有固定工作等；对外籍租客要看他们是否有合法居留证明；外地人则可查看暂住证，并应留有租客的身份证复印件；

（2）可收取一至两个月租金作为保证金，避免租客不交租或水电费而造成损失；

（3）租赁合约中要约定清楚租客逾期交租责任、有无权转租、分租等细节；

（4）应定期检查维修，若物业造成承租人身体伤害时，要担负赔偿损失的责任；

（5）扩建及改建要再报批，不能随意乱建；

（6）签订与中介公司的委托合同时，房屋出租人应约定签订房屋租赁合同的地点，最好是到中介公司去签，防止中介公司的业务员瞒着其公司与出租人私下签约；

(7) 房屋出租人在物业验收单中应详细注明屋内各种设施的品名、品牌、数量、新旧程度等等,由房屋租赁当事人和中介公司业务员共同签名确认后,并加盖公章,以防物品的毁损、丢失。

5.52 出租人如何略施小技,提高房屋租金?

(1) 适当改善房屋状况。比如适当清洁,简单装修,这样的屋子能够保证出租得快而且价格比不装修的屋子要高。

(2) 稍加添置内部设施。比如屋内四气(暖气、煤气、空调、热水器)、家具(床、柜子)、家电(电话、冰箱、电视)齐全的房屋就比空房更有优势。

(3) 适当考虑租客意见。往往有租客在看房之后对其他的都比较满意,只是提出让房东能否再添置简单家具,有的房东一口回绝,结果白白让房屋空置。其实只需几百元就能搞定,而且以后再出租时这些家电家具都还能用得着。

(4) 可以考虑接受合租。一些大户型的出租人往往希望把房屋租给一个租客,但是这样的租客很难找到,如果可以接受合租,往往能够更快的把房屋出租出去。为了便于管理,出租时可要求合租客户中推举一人作为与房东联系的负责人。

5.53 如何做一个成功的老外房东?

不是任何类型的房屋都可以出租给老外的,外籍租户对所租房子的户型、配套、物业管理等方面的需求与国内租户有很大差异。具体地说,房屋出租人要掌握好以下这些,才能做一个成功的老外房东:

(1) 选择面积稍大的户型。外籍租户更注重生活的独立性,强调私人空间的重要性。所以对他们来说,更喜欢零居或面积在100平方米以内的两居室。

(2) 选择配套设施齐全的物业。许多房屋出租人认为房产配套可有可无,但是老外租客对房产是否有配套的园林、会所、健身、儿童娱乐场所很注重，这也将直接影响到租金的多少及租期的长短。

（3）选择服务好的物业管理。老外租客对承租期间的物业服务非常在意，因为这涉及到生活的质量和安全。

5.54 以租养房时该注意些什么？

随着人们投资意识的增强，许多人将目光瞄准了房产这一投资领域。他们有的将原有住房出租，用租金偿还新房的贷款，有的则是直接购买新房或二手房后用于出租，用所得租金偿还贷款，甚至以投资房产生财。然而以租养房并不是一个简单的过程，它需要当事人积累一定的资本，掌握一定的购房知识和技巧。

（1）以租养房的优势

首先，房地产租赁投资具有保值、增值及投资收益率高的特点。如果将原有住房出售后的房款存入银行，利息收益较低，相反若将其出租，按市场租金水平，收益率肯定要高于存款利率。此外，其对通货膨胀的抵御功能一般较强。

其次，房地产租赁投资收入稳定且灵活。

（2）以租养房有风险

既然是投资就会有风险，以租养房的风险就在于房屋出租会有一个"空置期"，即从买下后到出租的那段时间或者是已出租的房子在寻找下家租客的时候可能会出现的中途"断档"，这就需要你有周密的考虑并预留一部分资金足够度过这样的"风险期"。只有这样，才能更好地发挥以租养房的优势。

（3）以租养房投资收益分析方法

有两种较简单的投资分析公式：

● 投资回报率分析公式为：（税后月均租金－物业管理费）×12/购买房屋单价

此方法考虑了租金、房价及两者的相对关系，套用在股市投资上可类比为市盈率。该方法是选择"绩优房产"的简捷方法，但它又有弊端：没有考虑全部的投入与产出，没有考虑资金的时间价值，并且对按揭付款方式不能提供具体的投资分析。

● 投资回收时间分析公式：投资回收年数＝(首期房款＋期房时间内的按揭款)/(税后月租金－按揭月供款)×12

这种方法比租金回报法更深入一步，适用范围也更广，但有其片面性。虽然考虑了租金、价格、前期的主要投入因素，但未考虑前期的其他投入、资金的时间价值因素，可用于简略估算资金回收期的长短，但不能解决多套投资的收益分析。

5.55 出租房屋时有哪些不可忽视的"出租成本"？

(1) 物业管理费，出租人(产权人)每年要向物业管理公司交纳一定数额的物业管理费；

(2) 维修费，在入住物业前，产权人得向物业管理公司一次性交纳一笔数额较大的维修基金；

(3) 管理成本，包括出租人上门收租、租客看房和支付各类费用所花去的时间成本和精力成本；

(4) 税费，包含营业税、个人所得税与印花税等；

(5) 财产保险费；

(6) 空置损失，通常情况下，任何物业都不可能绝对保证保持在100％的出租率，必定有一定的空置时间，有长有短，通常季节不同、年份不同，损失率的表现也会不同；

(7) 租金损失，由于承租人信用问题而产生的租金损失，具体包括逃租、欠租。

5.56 出租人在约承租人看房时要注意哪些事项？

(1) 严格守约，准时等候求租方前来看房；

(2) 带上身份证、户口本、房产证(原件)；

(3) 由房地产中介机构的租赁代理工作人员和你预约上门看房日期、时间；

(4) 由房地产中介机构的租赁代理工作人员在约定时间陪同

承租方准时上门看房;

(5) 若承租方看中房子,可签订"房屋租赁意向定金收付书"。

5.57 在房屋交验时,你应注意哪些问题?

(1) 交验时间:《房屋租赁合同》规定日期;

(2) 交验内容:装潢设施、家具、电器、水电煤表数字、钥匙、其他相关物品;

(3) 交验方式:房地产中介公司的工作人员陪同承租方当面进行交验;

(4) 交验手续:填写《房屋交验单》。

5.58 出租人如何加强对出租写字楼的管理?

对于出租人而言,在日常管理中存在下列问题:

首先是写字楼的产权问题。一般出租方对写字楼的管理有四种情况:一是写字楼的产权方和管理方是一致的;二是管理方是产权方的下属单位;三是产权方委托某物业管理公司对其出租的房屋进行管理;四是一栋楼有多个产权方,各方又都有权出租房屋。由于存在着上述几种管理方法,不容易加强对承租人的管理。

其次,承租人本身也存在着很多问题。首先是异地经营问题,很多企业注册在可以享受税收优惠的地方,但是为了便于开展营销活动,会在市内承租写字楼从事经营。还有很多企业擅自变更住所后也不到工商机关办理变更手续。

所以出租方在出租房屋时就要把好认定关,对租房企业的经营资格进行认定,并督促其办理有关手续。

出租方还要定期向辖区的工商管理部门提供租房企业的名单,以便工商管理部门能随时掌握企业流动状况,及时进行检查。

出租方也要对预交租金做出相应规定,最好可以预交一年,以防有的企业租房几个月后就迁走。

5.59 房屋出租中介有新的方式吗?

有。出租短租公寓,为旅客提供移动的家。

现在出现了一种新的房屋出租方式:即在市区交通便利的地方,房屋中介公司把整栋或整层的房屋租赁下来,对房屋进行统一的装饰,像酒店的客房一样,只是更生活化和实用化一些,还可以配齐一套中等档次的厨餐用具。这样,一套房就变成一个家了,用比租房略高一点的价格租一个完整的家是许多人盼望中的事。

现实中的情况是:有些房屋需求者会在异地城市住一段时间,如选择住宾馆,费用较高,一两天还承受得了,但要住的天数稍微长些,经济上就有点吃不消;如住旅馆,条件较差,也不太方便。

这时,房地产中介公司就可以提供房内电器全面、装修精美的整套房屋给这类需求者,即把房子装修成旅馆租出去,为到这个城市短期旅游、办事的人,提供一个能享受到家的温馨的短租公寓。

这样,对于承租人来说,房屋内空调、电视、热水器、厨房、卫生间等生活设施一应俱全,装修也不错,还可以自己做饭菜,就像在自己家里,没有身在异乡的感觉。对于出租人来说,也可以在短期内获得较丰厚的租金,一举两得。

这样大量租赁的好处在于:一来范围集中易于管理;二是因承租量大,价格上可以相对低一点。

作为房地产中介公司,在操作如上这样的业务的时候,要注意对这一业务的特色的推广,比如,在广告中就要体现"家"的核心概念,而且要把房屋位置、内部设施、具体价格、服务宗旨等与传统出租方式的不同之处和优势突显出来。

5.60 黑心房屋租赁代理中介欺诈客户的惯用伎俩很多,如何应对?

(1) 利用对房屋租赁当事人收付款周期不同导致的价差获利

黑中介利用对出租人和承租人收付款周期的不一致,短期内聚敛大批钱财，然后便人间"蒸发"。往往黑心中介会以房子租的时间越长租金越低作为诱饵，向承租人收取半年或一年的租金，而他们却只给出租人月付或季付，中间的巨额差价成了黑心中介牟取的暴利。

应对方法：对于出租人来说，付款方式应为中介一次性支付一年租金。因为一般情况下，出租人委托经纪公司出租最长周期为一年，一年之后如仍有合作意向，可继续委托出租；对于承租人来说，应缩短付款周期。

(2) 对房屋租赁当事人收取不同的价格从而获利

黑中介使用各种优惠手段，骗取出租人信任后，以极低的价格代理出租人的房屋，转手以更高的价格将房屋出租，从而赚取高额差价。

应对方法：在合同条款中对付款的方法和金额要有明确的规定，在签订租赁合同时出租人要亲自到场。

(3) "两证"难辨真与假

所谓"两证"，即房产中介机构既要有国土房管部门审发的资格证书，又要有工商行政管理部门审发的经营许可证。只有经营许可证，没有资格证书的，一般是资讯机构，可以搞房屋政策、信息等资讯，不可搞房屋的租赁、买卖等中介；只有资格证书，没有经营许可证的，属非法经营。许多房地产中介机构不具备这两个证件或者伪造证件，就开展房地产中介业务。当房屋租赁当事人与这类房地产中介机构发生纠纷时，合法权利将无法保证。

应对手法：出租人一定要先看房地产中介机构是否具备"两证"。只有两证齐全，才是合法的房地产经纪机构，可以从事房地产租赁、买卖等中介活动。需要提醒注意的是，在看"两证"时，一定要细辨真与假，要坚持看原件，不要看复印件，最好把注册号记下来，因为有些非法中介机构利用复印件弄虚作假。如果你与两证齐全的中介机构发生纠纷，权益受到侵害，可以向消协或市国土房管局投诉，一定会得到处理和解决。

(4) 冒充租客骗取中介费

这个骗局中的不法中介机构首先找一个人冒充租客,对房东报出有吸引力的承租价格。当假租客看房满意与房东签下合同后,中介公司会向房屋出租人收取中介费。但是当租赁开始时,假租客又找出各种理由不肯承租了。房屋出租人找中介公司退钱时,中介公司会说双方已签租赁合同,中介服务已经完成,租客的行为属单方违约,中介费不予退还。

应对方法:在租赁合同中要明确规定房屋承租人的违约责任。

(5) 获取产权证件作为抵押、骗取贷款

房地产中介机构因为也许需要,有时会查看房屋出租人的房产证、国有土地使用证以及户口本。这就使非法的房地产中介机构有机可乘,他们有可能会利用这些证件作为抵押,向银行贷款。

应对方法:小心保管产权证件,亲自对中介出示并在用后马上收回。

(6) 名义促销、实则骗取押金

在租赁市场的回暖时期或者为了吸引客户,房屋中介机构会推出各种促销活动,比如中介佣金折扣,向房屋租赁当事人表示如果在某个时段签定合同会获得几折的中介费用的折扣。但实际上,非法房地产中介往往是在低佣金的背后吃取巨额租金差价并扣压客户押金不退。

应对方法:打折背后往往藏着许多"促销陷阱",房屋租赁当事人一定要慎重,坚持双方见面,避免被"黑"。

5.61 什么是房屋租赁权信托?

所谓房屋租赁权信托业务就是将房屋租赁权信托给受托人,受托人及其合作伙伴依信托合同来管理房屋租赁事务;它是以不动产财产权作为信托财产,由受托人按照信托合同实施专业管理以提高不动产的附加值,并将信托利益交付给受益人的信托业务。

5.62 为什么要开展房屋租赁权信托业务？

现行的房屋租赁中介业务主要有两种，一种是居间业务；另一种是全程代理业务，前者佣金比例较固定，较低；后者由于承担一定的风险，差价率比较高。由于居间业务存在中介与租赁双方之间信息不对称，暗箱操作多，消费者容易受骗；全程代理业务由于租金需要经过中介商转手，容易出现资金不能及时到达业主手中的情况。

目前房产中介存在合同不规范、信息不实、广告虚假、暗箱操作、管理混乱、人员素质差等诸多问题，有关房屋中介服务的纠纷呈不断上升趋势。仅就北京地区来说，目前北京从事房屋中介的公司有四千余家，而在北京市工商局注册领取营业执照和在北京市房屋管理部门获取房屋中介资质的只有一千多家，剩下的都是无照经营。很多中介机构的营业执照是复印件，要么挂的是"某某分支机构"的牌子，让消费者难辨真假。

有些小中介制造虚假房源，以提供信息和电话为条件，和顾客签合同，让顾客交押金，骗取中介费，然后再利用"房托"充当房主，制造种种障碍使租房者看房失约，以提供服务为由骗取信息费等都是一些黑中介欺骗消费者的普遍现象。

由于目前房屋租赁市场存在很多不规范的情况，解决安全隐患的根本在于为房产消费者提供安全的服务产品。经常有业主要出租房屋，却担心不能按期收回租金和房屋设施的后期管理，因此，宁愿空置也不出租。租赁信托则可能会打击这些不诚信的软肋。

租赁信托是由业主与将房屋交予专业的信托公司打理，信托合同一经签订，信托公司便开始向业主支付房租，空置期、客户中途退租等等的风险由信托公司承担。房屋租赁信托是市场细分后的服务产品，符合了有闲房而无时间管理的业主，对于客户来讲又减轻了付房租的压力，实现了业主、租客、经纪公司、信托公司多方共赢的租赁模式，是一种迎合市场潜在需求、切合市场发展的产品。

5.63 房屋信托机构是如何运作房屋租赁信托产品的？

首先信托公司将作为信托财产的房产经过权威部门的评估，将其分为若干等级，以此确定每处房产的基础租金。

然后信托公司充分利用其对房地产市场的了解，发挥资金、营销、技术、人才优势，本着诚信经营的原则，尽最大努力为受益人追求更高的租金收益。同时，信托公司负责向承租方收取租金，以法律手段维护受益人与收益人的权益，负责组织对所管理的房产进行定期与不定期的修缮等。

最后，信托公司以每处的已收取的基础租金为基准收取相应的手续费。信托投资公司作为受托人，必须严格按照代客理财、诚实信用、谨慎有效的原则处理事务，只收佣金，不赚取差价收益。这是一种真正意义上的房产信托产品，这种信托产品风险低、收益稳定长久。其成功的关键在于信托公司要赢得委托人的信任、经营规范、恪守信用，有经的起时间检验的营利模式和标准化与个性化相结合的业务流程。

5.64 什么是房屋银行？

所谓房屋银行，即房屋所有者将房屋的使用权全权委托房地产经纪公司代为处置，每月定期获取约定的收益，该房屋在合同期限内的出租、租后服务、租金催缴全部由房地产经纪公司负责运作的一种房屋租赁形式。

房屋银行这个名词首先于2000年5月9日出现在贵州，然后，房屋银行如雨后春笋般在全国大中城市相继出现。

具体来说房屋银行是指有闲置房屋的业主可以像存钱一样将房子存入房屋银行（更确切的称呼应该是房屋经营中心租赁部），由该部门根据房屋的位置、大小、楼层和装修条件，及周边地区的房屋租赁价格等因素测算出一个合理的租金价位，经业主认可后由该部门负责包租，存房后，业主得到一个银行存折（卡），除去留给该部门一定天数的"空租期"（一般一年为40天）外，其余时间无论房屋租出与否,该部门定期通过银行将租金存入业主账户,账户上的租金还可以获得银行利息收入,该部门还负责对代理业主房屋进行定期检查和维护管理。

5.65 房屋银行与房屋租赁信托有什么区别?

房屋租赁信托的操作模式会让人想起房屋银行,但是二者是有着严格的区别的。

房屋银行由房屋中介公司运做,并没有信托公司的加入,房屋银行大多半途夭折,就是因为这些办理房屋银行业务的中介公司实力不够无法保障安全,有的甚至是一些不法中介挂着房屋银行的名义圈钱卷款。

租赁信托业务是真正意义上的房屋银行业务,扮演"银行"角色的是金融机构,可以满足客户对交易安全的顾虑,从而使市场容量增大;提高了客户交易资金的安全,避免了交易资金被不法中介公司骗走的风险;规避了少数中介公司挪用客户交易资金及由此产生的风险;使中介公司更能专心的运作交易撮合及权证办理的服务,发挥专业优势。

5.66 房屋银行在很多城市处境尴尬的原因是什么?

繁杂的手续,使人望而却步。与房屋租赁相关的文件有20多个,涉及房管、公安等多个部门。要出租房屋,就要请房管部门对房子进行审查,要到公安部门办理租赁许可证,如要租给外地人,还要到主管单位申报各案。要完成这整套程序,需经过五六个环节,没有二十天下不来。

法规相互矛盾,让人无所适从。如公安部门规定,外地人有了居住地点才给办暂住证;房管部门又规定,外地人有了暂住证才能租房。这样一来,外地人想到房屋信托中心租套房子,办手续就成了第一道难关。

高额的税费,让人难以接受。按规定,个人出租房屋须交的税费有:3%的营业税、4%的房产税和10%的个人收入所得税,这就是说，一套月租金 1000 元的房子，刨去税费、办手续的费用和付给房屋信托中心的佣金，房主最后只能得到 700 多元，积极性自然受挫。公房的二级市场尚未放开，这使公房承租人不能把已经闲置下来的房产转租给他人。有些承租人买下了自己的公房，但要将其转租，还需向原产权人支付 30% 的租金，这也大大挫伤了他们的积极性。

5.67 对于出租人，通过房地产中介公司的房屋信托业务可以获得哪些便利？

一方面通过金融机构信誉和操作使得出租人出租房屋及出租收益均获得保证，避免了因传统中介不良操作手段而造成损失；另一方面降低了租赁过程中所产生的各类风险，如因租客造成的法律问题等。

房屋信托租赁对于出租人另一个重要意义在于可以盘活个人资产，加快房屋流动性，减少房屋的空置时间。

具体说来，还可以从下表的对比中看出房屋租赁信托与个人直接租赁和传统中介租赁的优势所在。

房屋租赁信托、个人直接租赁与传统中介租赁比较

	房屋租赁信托	个人直接租赁	传统中介租赁
中介费用	无	无	一个月租金
租金收取时间	按月交纳	预收 3 个月租金加一个月租金	预收 3 个月租金加一个月押金
等待租赁时间	10~15 天	不确定	约为一个月
收入稳定性	稳定可靠	不稳定	不稳定
房屋管理维护	有	有	无
信用担保	有	有	无
房屋安全性	财产保险 定期维护	有风险 押金做担保	有风险 押金做担保

5.68 房屋租赁权信托业务模式是怎样的？

由房屋所有权人（委托人）与有房屋租赁信托资格的房地产中介机构签订租赁权信托合同，将房屋信托给其管理，房地产中介机构将所获得的租金回报以信托收益形式定期支付给出租方，而承租方通过与房地产中介机构签订房屋租赁合同，取得承租房屋的相应权利并负有交付租金的义务。信托终止时，房地产中介机构向受益人交付受托房产。

具体来说，房地产中介机构给予出租方的服务是：

（1）信用保障。租赁双方分别与房地产中介机构签约，产生信托契约下的租赁关系，并且每一个设定租赁的标的房屋对应一个信托财产专户，租赁过程中发生的资金往来结算都通过该专户完成。《信托法》规定，信托财产独立于信托当事人各方，具有风险隔离作用。这是房屋租赁业取得的重大突破和发展的法律基础，本项目也依此区别于其他任何租赁代理服务。

（2）财产安全。在房屋租赁权信托存续期间，为委托人提供信托财产标的房屋家庭财产保险，确保委托人的财产安全。

（3）安心服务。在房屋租赁权信托存续期间，委托人将信托财产标的房屋委托受托人运营管理，让出租人安心出租，免除房产保全的后顾之忧。

房地产中介机构给予承租方的服务是：

（1）免押金。承租人可享受免押金租房，缓解承租人紧急需要及资金压力的困扰。

（2）免预付。承租人在网络平台上选择住房后办理签订租约等手续后即可入住，同时享有公司提供的其他增值服务。

（3）租金月付。房租每月从入住日算起，承租人按月向信托专户内划付租金。

（3）增值服务。客户租房后，提供联系物业管理、生活、交通等方面服务。

（4）为承租人在承租房屋期间所发生的问题进行处理或提供

相应解决办法。可通过公司网站、呼叫中心免费电话、客服部、市场发展部提出服务要求。

5.69 如何办理租赁权信托业务

出租方办理租赁权信托业务的程序是：
(1) 与具有房屋租赁信托资格的房地产中介机构联系；
(2) 房地产中介机构的信托部门的专家对房屋进行评估；
(3) 达成意向，信托财产交接，与房地产中介机构签订《房屋租赁权信托合同》；
(4) 信托生效，房地产中介机构按月向受益人支付信托收益；
(5) 信托终止，与中信信托进行财产清算及房产产权交接。

承租方办理租赁权信托的程序是：
(1) 与具有房屋租赁信托资格的房地产中介机构联系；
(2) 房地产中介公司的业务人员协助承租人选择欲租房屋；
(3) 与房地产中介机构签订租房合同；
(4) 按合同约定按时向房地产中介机构信托财产专户划付租金；
(5) 按合同约定，房地产中介机构对出租房进行日常管理、清洁、维护；
(6) 租房期满退租不再续租，与房地产中介机构进行款项清算及事务交接。

第6章

如何通过中介求租房屋

每到一个新的城市的求职者、每年走出校门走向工作就业的大学本科生、研究生,他们的住房需求造就了火爆的租赁市场,也滋生了不少黑中介,让人望而止步。与中介打交道陷阱多多,你是否会不小心落入陷阱?苦苦觅到的一处看似不错的房子,可住一段时间出现了诸如下水道老堵、水压不足、热水器出水不痛快等这些大大小小的麻烦事是否可以避免?网络租房、中介租房孰优孰劣?本章就租房过程中应该注意到种种环节给你支几招,没准你真能用得着!

6.1 找中介租房有何优缺点?

传统上,找中介租房,客户可享受到全方位的是服务。中介提供从咨询、看房、签订合同、收取押金、租金交付、监督钱款到成交、售后的全程服务。中介对信息的二次识别,完备的合同具法律效应,为整个交易提供安全保障。另外,有实力的中介公司都有局域网互联,覆盖范围广,顾客可选择余地大,客户不仅可以挑房,还可选价格合适的,即使没有适合的房源,中介也能根据客户的需求参谋推荐。由于客户与中介是一种面对面的直面交流,因此成功率较高,选择性较强。

找中介租房的缺点在于花费多以及一小部分中介公司的行为不规范。但是，行业竞争发展迫使近两年来出现了一些品牌中介公司，如精品家园、万德成等，有的地方还推行了放心中介，因此只要找有品牌的中介，相对就会放心得多。

6.2 通过中介租房的流程应该是怎样的？

正规的租房流程应该是：

（1）看房。中介机构业务员事先和你约定上门看房的时间和日期，并在约定时间陪你上门看房。应守约守时，并且需要注意的是，如你在看房过程中因故导致出租房屋设施损坏的，责任一律自负。

（2）签订合同与收付费用。如今，有些人租房时只是口头协商，不签订书面合同，发生纠纷后因没有合同只能吃哑巴亏。因此，你在租房时，一定要和房东签订书面的房屋租赁合同，以明确双方的权利义务。你须签订的合同及相关协议有：《房屋租赁合同》、《房屋出租授权委托确认书》、《房屋承租确认书》。有关费用详见：国家税费、公司收费须知。合同中要对租赁期限、租金数额、支付方式、房屋用途、违约责任等作出约定，以便日后解决纠纷时有据可依。双方签订租赁合同时，房主查看房客身份证（可向公安局确认身份证），并索取复印件做为合同附件。房客也应要求房东拿出房产证，并查看房产证上产权人的名字和房东的身份证是否一致，以此确定房东是否有权出租该房屋。如果房产证上还有其他人的名字，即房屋属于共有房屋，则要有全部共有人的书面同意。查看房主产权证明（可向当地房产交易所进行确认），房主身份证（可向公安局确认身份证），并索取复印件做为合同附件，不能提供产权（原件）的房主勿信。有条件的也可向居委会（或邻居）了解房东情况，查看描述是否与房主相同。合同签字（房主方）与产权证的产权人相同。如不相同需有产权人的代理委托书。如办理合租，需有房主方的同意出租证明。

（3）交房。按《房屋租赁合同》规定的交验时间交验房屋。

此时,应注意核实下列内容:家电、家具、装潢设施、水表数字、电表数字、煤表数字、房门钥匙、及其他,以防止后续纠纷。房东在交房时应告诉你该房屋的使用要求,家用电器等附属设施如何使用,煤气用具、淋浴器等使用时要注意的问题等。作为房客,你也应主动向房东了解这些情况。

(4)验房。验房时应由业务员陪同承租方到房屋现场,并有出租方在场,进行房屋交验。业务员、承租双方填写《房屋交验单》,出租方向承租方交付钥匙。如果房主要求支付定金,也需要请查看以上证件,一般定金不要超过月租金的20%。

(5)如果房主要求一年一付房租或者要求付大笔的定金,这样情况就要特别小心。

至此,一系列的租房流程完毕,你可以舒舒服服地享受你的小天地了。

6.3 租房后当事人双方有必要办理房产租赁登记备案吗?

对。为便于管理及对当事人权益的保护,我国目前对房屋租赁合同实行登记备案制度。房屋租赁合同应到房地产登记机构办理登记备案手续,否则不能对抗第三人。根据"买卖不破租赁"原则,登记可以确保房屋在租赁期间即使卖给他人,承租人仍可继续承租。避免房屋因权属发生变化而侵害你的权益。根据有关规定,房屋租赁当事人在签订租赁合同后的15天内,租赁当事人持租赁合同及有关材料到房屋所在地区、县房地产交易中心办理登记备案。

6.4 租房后当事人双方办理房产租赁登记备案需要哪些材料呢?

在办理登记备案手续时,要提交下列材料:

(1)房地产权证或者其他权属证明;若向外来流动人员出租的,还应附公安部门发放的房屋租赁治安许可证;

(2)出租人的个人身份证明或企业、其他组织的登记注册证明;如果属共有房屋出租的,还应当提交其他共有人同意出租的证明；委托出租的，应提交委托合同；代理出租的，应提交房屋所有权人委托代理出租的证明；

（3）承租人在办理登记备案手续时应提交自己的个人身份证明或者企业、其他组织的登记注册证明。无论是出租人还是承租人，在提交的个人身份证明中，居住在国外的中国公民应当提交有效的中华人民共和国护照；香港、澳门的个人，应当提交港、澳居民往来内地通行证；台湾个人，应当提交台湾居民来往大陆通行证；境外企业、其他组织，应当提交经公证或者认证的登记注册证明。

房屋租赁合同的一方当事人要求登记备案，另一方不予配合的，要求登记备案的一方当事人可以持租赁合同及自己一方应当提交的材料办理登记备案，房地产交易中心或农场系统受理处应予受理。

6.5　办理房屋租赁登记备案的步骤是什么？

凡在城镇范围内的房屋所有权人，将房屋出租给承租人居住或提供给他人从事经营活动及以合作方式与他人从事经营活动及以合作方式与他人从事经营活动的单位和个人，均应在签订租赁合同后的15天内，带着租赁双方的身份证明或法律资格证明、房地产交易合同登记申请表、房屋所有权证、国土证房屋租赁合同，到房屋租赁管理办公室登记。租赁工作人员对证件进行审查，对租赁合同进行监证，审查初步通过后予以签署初审意见。在初审通过的基础上进行二审，签署二审意见。租赁双方交纳规定税费后（收费标准按年租金的2%收取租赁监证费，租赁双方各负担1%），发给承租人《房屋租赁登记证》。一般在手续齐全、审查无误的情况下，三天内即可办完。

6.6　哪些房屋不得出租？

由于背景不同，并不是所有的产权人都能出租自己的房屋，如处理不当，你很可能会在不知情的情况下，由于承租的法律关系不清楚而陷入困境。按照法律规定，有以下情形之一的房屋是不得出租的，你千万不要租住：

（1）未依法登记取得房地产权证书或者无其他合法权属证明的。有的开发商或房屋所有人急功近利，甚至将未经综合验收部门验收的房屋出租给承租人，这样做是违反国家法规的，并且会对承租方的安全造成威胁。产权证是房屋的权属证件，没有产权证就无法证明房屋的法律关系，从而就没租赁的法律基础。产权证是建立租赁关系的第一条件。另外，有产权证但没有房屋证件的房屋也不能租。虽然产权证是建立租赁的关系第一要件，但它不是惟一要件。要使租赁关系合理合法，出租人要持房产所有证件及其他有关房地产证件到房地产管理部门办理房屋租赁证件，只有获得了租赁证，出租行为才合法，出租手续才完备。

（2）改变房屋用途，依法须经有关部门批准而未经批准的。这样的房子属于违章建筑不能租。有的单位或个人未得到规划部门批准，私自建起房屋并出租，对于这类房屋，不但规划部门要对其罚款，强令其限期拆除，而且房管部门也会因其无产权证和租赁证而进行处罚。

（3）被鉴定为危险房屋的，为了你的人身安全一定不能租，相信这点就不用再多说明了。

（4）产权属于共有的房屋，在共有的人未一致同意出租的情况下不要租，即使是大多数共有的人同意的情况下也不能租，因为，这就会对不同意出租的共有的人造成侵权。到时候有个法律纠纷之类的，多麻烦呀，说不定刚安顿下来就得搬家。

（5）已抵押的房屋，在未得到抵押权人的同意之前，不要租。因为已经设抵押房屋的所有权，在实际行使时已经受到法规上的限制。抵押人在出租已经设置抵押的房屋之前必须征得抵押权人的同意也是一个法律程序。否则出租行为是无效的。

（6）被法院、公安机关等依法查封的、有关法律、法规禁止出租的莫租。

6.7 经济上有些困难，租房可不可以贷款？

可以了。但是仅限北京。因为这项让租房子的人可以"今天花明天的钱"的业务是北京一家中介（"链家"）近日为拓宽租赁市场的交易渠道才刚推出的。如果你是工作了几年但还没有购房实力的人，或者是经济上有困难的人，就可以考虑选择此项业务来解燃眉之急。

该中介推出的这项个人租房消费贷款租房业务有个名字叫"年付月租"，也就是租客可以向银行贷款（贷款期限一年），然后用所贷款项租由这家中介全程代理的房子，租期一年，按月向银行还款，而所产生的利息由中介承担。

6.8 需要办什么手续才能申请到贷款业务？

你首先要提供比较齐备的资料，包括身份证明复印件、户口本（外地人提供暂住证）复印件、《收入证明》原件、《承租房屋委托合同》原件和银行开立的借记卡5种资料。然后，你就可以办理租赁业务了。

这项业务是由担保公司担保的。你只要通过担保公司的资格审核，并与银行签订《个人消费贷款借款合同》之后，银行就支付房贷。这笔一年期的贷款就可以直接转到你的账上了。

6.9 租房贷款有限制吗？最多可贷多少？

一般贷款数额不会超过2.5万元，也就是说，最高可以贷2.5万元。

6.10 租房贷款的利息是多少？

没有利息，你可以享受"零息贷款"的优惠待遇。

6.11 贷款后如何支付房租？

你成功贷了款后，就可以像买房月供还款一样按月向银行支付房租。你在任何一家指定银行都可缴存租金，即使你在外地出差也不会再为如何交纳房租而烦恼了。

6.12 我贷了款租房，并且已经还了两个月的房租，但我现在想要退租，怎么办？

本来租客贷款一年租房，可是只还了两个月的房租就不租了，而银行那边的月供却要照交。如何解决这种问题呢？这种情况下，按两者签订的委托合同，租客退租前需要事先通知中介公司，公司要在他退掉后另寻下家，如果下家找到了就可以续租，有点类似于"转按揭"，即便是不能及时找到租客，由于租客在办理租房手续时要交两个月的押金，租客违约押金就不退，银行的按揭可以用押金抵上，从而化解由于退租造成的风险。

6.13 我贷款租房后拒交月供，有什么法律责任吗？银行会如何处理？

银行方面如果遇到租客拒交月供的话，通常是不会直接去找租客，因为这中间还有担保公司，担保公司和中介公司风险共担，由这两者来解决租客的拒交月供问题，负责先将月供补上。不过同时也要按照租约让租客立刻搬离，承担违约责任。同时积极寻找另外的租客继续租这房子，继续月供。

6.14 租房者可以提取公积金用于支付房租吗？

租房可以提取公积金。除了购买商品房和二手房，从现在起，租赁房屋也可提取住房公积金。按有关规定，如果你个人分摊的房租已经超过了本人工资收入的5%，那么超出的那一部分是可以提取公积金来支付的。

6.15 提取公积金租房时需要办理什么手续，提供什么证件？

提取公积金时需要准备完整的材料，比如身份证、规划部门的批准文件、产权证、购买材料的发票等，因租赁支取公积金还需要出示房管部门认可的有效契约、上一年的交费发票和单位开的收入证明等，如果自己有这方面需求的话，一定要注意保管好所有的文件、发票，在申请时准备好原件和复印件。因为房租超出收入比例而支取住房公积金的，必须是在租房行为发生以后1年内办理，并且是每年的3、4月份受理。

6.16 我的租赁合同还没到期，出租人有权解除租赁合同，收回房屋吗？

应视具体情况而定，但你如有下列行为之一的，出租人有权解除租赁合同，收回自己的房屋：
（1）擅自将承租的房屋转租；
（2）擅自将承租的房屋转让；
（3）擅自将承租的房屋转借；
（4）利用承租的房屋进行非法活动，损害公共利益；
（5）累计六个月不交租金。

6.17 我在出差期间，房东把我租的房子转租出去了，请问他这样做可以吗？

把房子转租出去必须事先征得你的同意并签署书面证明。未经原租人的书面同意，承租人不得擅自将所有房屋再转租出去。如果未获得原租人的同意，承租人私下将房屋转租出去，你可以起诉原承租人侵权，原承租人会因侵权而被罚款。

6.18 请问我所租的房子的窗户坏了，但房东坚持要我维修并且维修费用也要我来付，他这样做对吗？

承租人可能也会遇到出租人拖延维修相关设施、设备的情况，对此，承租人可以在合同中约定，如果出租人拒不维修的，承租人可以代为维修，但费用由出租人承担，并且承租人有权从应付租金中等额扣除。

因此，你可以先代为维修，但费用由出租人承担；或者你有权从应付租金中等额扣除。

6.19 中介公司不兑现承诺又抵赖，中介服务费怎么办？

在这种情况下，建议你带上双方签署的协议书，寻找本市的消费者协会，向其请求提供法律援助，经过相应的司法管辖机关的施压，达到维权的目的。如果这一途径行不通，你还可以选择提起诉讼，通过法律手段来追回你的损失。

但是，选择上述两种办法的效率比较低，投入的时间成本很大。因此，在此提醒你在寻找中介公司时应注意以下几点：

（1）尽量选择大的房产中介公司。因为其规模较大、运作程序较规范、政府监管力度大，一旦出现问题也好解决。

（2）不要贪图便宜。俗话说的好："贪小便宜吃大亏"。

（3）不要轻易掏腰包，要留有维权的证据。签订合同时要将关键内容写入合同，比如"提供假房主或是虚假房源，对方应退还全款"等条款。

6.20 出租的房屋产权转移时，承租人可以要求优先购买吗？

可以，承租人享有此项权利。最高人民法院《关于贯彻执行〈中华人民共和国民法通则〉若干问题的意见（试行）》第一百一十八条规定："出租人出卖出租房屋，应提前三个月通知承租人，承租人在同等条件下，享有优先购买权；出租人未按此规定出卖房屋的，承租人可以请求人民法院宣告该房屋买卖无效。"第一百一十九条第二款规定："私有房屋在租赁期内，因买卖、赠与或者继承发生房屋产权转移的，原租赁合同对承租人和新房主继续有效。"可见，当出租人要出卖房屋，或房屋产权发生转移时，承租人享有优先购买权和按租赁合同继续承租权，出租人和新房主不得随意剥夺。

6.21 作为承租人可不可以将房屋转租给其他人？如何转租？

房屋转租，是指承租人在租赁期间，将其承租房屋的部分或者全部再出租的行为。在房屋租赁期间,经出租人书面同意或者按房屋租赁合同的约定承租人可以全部或者部分转租承租的房屋。但有下列情形之一的房屋不得转租:(1)承租人拖欠租金的;(2)承租人在承租房屋内擅自搭建、破坏结构的;(3)合同约定承租人不得转租的;(4)须经出租人同意而未经同意的。

在合法办理转租时,承租人均应事先取得出租人的书面同意,否则,出租人有权解除租赁合同。未取得《房屋租赁治安许可证》的房屋向境内的外来流动人员转租,转租人应当向房屋所在区、县公安派出机构申请并取得《房屋租赁治安许可证》。

房屋转租时,转租双方当事人应当签订房屋转租合同,并应在15日内持下列材料向区、县房地产交易中心或者农场局受理处办理房屋转租合同的登记备案,由区、县房地产交易中心或者农场局受理处出具转租合同登记备案证明,包括:(1)出租人同意转租的书面意见或者经登记备案的租赁合同;(2)租赁合同登记备案的证明;(3)转租合同;(4)转租的承租人个人身份证明或者企业、其他组织的登记注册证明。

另外,转租合同中约定的租赁期限,不得超过原租赁合同中约定的最后承租日期。

6.22 你在哪些情况下可以要求与房主解除租赁合同?

在房屋租赁期间,出租人有下列行为之一的,你可以解除租赁合同:(1)该交付但未按时交付房屋,经你催促后仍未在合理期限内交付的;(2)交付的房屋不符合房屋租赁合同的约定,致使你不能实现目的的;(3)已交付的房屋存在缺陷,以致危及你人身安全的。

6.23 你因故逾期而未付房租,房东有权收取你的违约金吗?

房东除了有权向你如数追索所拖欠的租金外,还可要求你支付违约金。违约金的数额,按你们在租赁合同中约定的标准计算;如果双方在租赁合同中未有违约金条款的约定,房东虽无权要求你支付违约金,但是如果剩余租期超过3个月的,可要求你支付相当于3个月租金的损失赔偿金;剩余租期不满3个月的,可要求的损失赔偿金数额则以剩余租期的租金计算。另外,合同中未作约定的,房东还可以按照拖欠租金额的日万分之四的标准计算收取你的违约金。

最后,要提醒你的是,根据我国《民法通则》的规定,租金的诉讼时效期间为一年,超过诉讼时效期间的,该部分欠租的追索权利不受法律的保护。

6.24 求租房屋后,可以修房吗?可以装修房吗?

首先,修房与装修房不同,所谓装修是为了改善房屋的内部环境以达到一定的质量要求,使用装饰材料对房屋的内部装饰整修的活动(如对房屋的粉刷),房东对房屋有修缮义务(《城市私有房屋管理条例》第19条规定:"修缮出租房屋是出租人的责任。房屋出租人对出租房屋确实无力修缮的,可以和承租人合修,承租人付出的修缮费用可以折抵租金或由出租人分期偿还。"),而并无装修义务。

关于补偿,如果房屋所有人同意装修、并对装修补偿有约定的,按照约定执行。如果承租人在没有取得房屋所有人同意的前提下私自装修的,实际上是一种侵权行为,在这种情况下房屋所有人可以要求其拆除恢复原状。不能拆除的,房东不承担损失赔偿,承租人因拆除装饰物造成房屋损坏的,还应承担赔偿责任。因此,租房者的装修行为,要自己买单。

6.25 租期内房屋遇到拆迁,作为房客,我如何保障自身权益?

我租了三间门市房,租期本该至明年10月底。但前不久房东书面通知我说此房已被政府批准拆迁,由于当初约定如遇动迁,租赁合同自然终止,故限期要求我搬走。请问我该如何保障自身权益?

根据你与房东的约定，遇到动迁，房东有权解除租赁关系。《合同法》第 96 条第一款规定，当事人一方依照本法第 93 条第二款的规定主张解除合同的，应当通知对方。合同自通知到达对方时解除。对方有异议的，可以请求人民法院或者仲裁机构确认解除合同的效力。据此，如果你与房东约定了解除合同的通知期限，则按照约定处理。如果没有约定期限，房东应在合理期限内通知你解除合同。需要说明的是，只要符合解除条件，当房东的解除通知到达你处时，租赁合同即告解除，无须再由其他任何机构确认。只有当你向法院起诉或向仲裁机构申请仲裁时，房东解除合同的通知才必须等到法院判决或者仲裁裁决生效后方能确定其是否具有解除合同的法律效力。

由于你租的是非居住房屋，与房东之间属于双方协商议定租金标准出租非居住房屋的关系。此种情况下，由于租赁合同中约定了"如遇动迁，合同自然终止"的内容，且房东已经依法按约书面通知了你，故应认定属于"被拆迁人与房屋承租人协议解除租赁关系"的情况。按照上述规定，你不享有受补偿安置的权利。

6.26 什么是私房租赁合同公证？

城市私有房屋租赁合同公证，是指国家公证机关根据当事人的申请，依法证明私人房屋所有人将个人所有或数人共有的住宅和非住宅用房出租给承租人使用，承租人支付租金，并为此签订明确双方权利、义务的租赁合同行为的真实性、合法性的活动。

6.27 私房租赁合同公证包括哪些内容？

私房租赁合同公证的内容一般包括：
（1）出租、承租双方当事人的基本情况；
（2）房屋状况（坐落地点、建筑结构、数量等）；
（3）房屋所有状况（有无典当、抵押、拍卖等情况）；
（4）当事人双方的关系；

(5) 出租、承租的原因、理由；
(6) 当事人双方对租赁合同内容是否认可，是否协商一致。

6.28 办理私房租赁合同公证需要提交哪些材料？

办理私有房屋租赁合同公证时，当事人要填写《公证申请表》。出租方应提交的材料证明包括：居民身份证、户口簿、房屋所有权证及土地使用证。所出租的私有房屋如系共有财产（包括夫妻共有）的，应提交共有人同意出租的书面意见、委托书及租赁合同文本。

承租方应提交的材料包括：居民身份证、户口簿，对于无本市城镇常住户口的个体工商户需承租城市私有房屋的，应提交本市工商行政管理机关同意进城经营的证明；所租用的房屋坐落在郊区县的，需提交当地区、县人民政府的批准文件；所使用的房屋坐落在市区的，需提交承租单位主管局和市房地产管理局的批准证件。

6.29 在办理私房租赁合同公证过程中，公证部门进行哪些事项的审查？

在上述证件齐备并符合有关规定之后，公证部门还要对以下事项进行审查：
(1) 查验所提交的证件、材料是否属实、完整。
(2) 当事人是否具有完全的民事行为能力。
(3) 私有房屋租赁合同是否明确规定了双方的权利、义务，是否具备了下列条款：①当事人双方的基本情况；②出租、承租房屋的坐落地点、房屋间数、建筑结构、装修设备、附属设施和使用面积；③租赁期间房屋修缮责任（包括费用负担和承担劳务）；④租赁期限、用途和可否改变房屋结构、增添或改装设备的约定；⑤租金金额数、交租日期及方法；⑥合同的担保条款；⑦双方依法纳税的约定；⑧违约责任；⑨合同终止、变更、解除的条件和规定；⑩合同双方当事人认为其他应当规定的条款。

(4) 审查合同条款是否符合国家法律、法规和现行政策规定。

(5) 合同条款是否完备。

(6) 文字表述是否准确,双方签字盖章是否属实。

至此一套完整的手续结束。

6.30 我想租房子,但是我没有经验,不会杀价,可否教我一些杀价的方法?

对于像你这样的新手来说,以下几招会相当受用的:首先,看过房子后,即使你非常满意,心里乐开了花,但表面上,你不能表露对房子有好感,因为你一旦表现出喜欢,房主会咬定价钱不松口,到最后"受伤的总是你"。此时,你要不停找房子的缺点,要求降价,如配套设备不足,要么配齐要么降价,否则我不租了。或者告之房东已看中其他出租的房子并准备付定金了,你便宜点我就改租你的了;或者带着现金给他看,说只要价钱合适就马上付定金;或者告之房东已看中其他房子并付定金,但又改变主意了,是否能再便宜点儿补偿已付出不能退的定金;或者告诉他你很满意,但怕家人有其他的想法,希望便宜点可以取得平衡;或者表现出特别强烈的租房欲望,迫使对方降价;你也可以用其他房子的价格做比较,要求再减价;我能力有限租不起,能不能再便宜一点儿;以看过多处不同的房子,别人有更便宜的价格为理由,声东击西;如果你时间比较充裕,那就拖延谈判的时间,慢慢磨;最后,如果实在谈不下去了,那就假装走人,看他会不会叫你再商量一下。

总之,杀价的过程就是一个打心理战的过程,知己知彼,才能取胜。

6.31 租房前看房有哪些注意事项呢?

归结起来,租房前你要"两看两检",才能把好看房关:

(1) 看房门。看房时首当其冲的就是要关注房门,要看房子是否装有防盗门。这里要注意的是,如果其装的是老式的防盗门,应要求房东予以更换,以确保自身安全。因为一些老式的防盗门,如钢管焊接成的,根本就不具备防盗功能。

(2) 看窗户。门户门户,有门无户不能称其为房屋,同样,窗户也应严把防盗关。看房时一定要看窗户的密闭性是否完好,尤其是租住一、二层的更要仔细把关,要检查所有窗户是否都能关严,所有插销是否都能插上,检查防护栏有没有开焊,有没有被折断的隐患,如果有必要还是请业主一同加固,以防后患。

(3) 检查上下水。租房子,特别是那些年代久远的楼房,要特别重视看一下上下水情况是否良好。比如一些总层高为四五层的、建于80年代左右楼房,因为上下水管道长年使用,输电线路设计功率低、线路老化等,经常会出现下水道堵塞、上水水压不够、大功率家用电器无法正常开启、电路跳闸等的现象。鉴于此,在看房时一定要注意上下水的通畅,特别是选择一楼和顶层的住户。你想,如果你住在顶楼,当你正在洗澡时,水压不足了,水上不去了,你会是何种心情?又比如你住底层,由于下水不畅经常返水,下班回到家一看家里又成一片汪洋了,你又会是什么心情呢?类似的例子不胜枚举,所以一定要注意了。

(4) 检查电路入户状况。检查完门窗和上下水,剩下的就是房屋的入户电路了。现在基本所有的老城区都已经对原有老化的电路进行了改造,如果入户电表为插卡式的那就尽可以放心使用了。如果不是你就要多加注意。

6.32 由于经济条件有限,我想找个合租室友,请问该如何选择?

室友是和你朝夕相处的人,近朱者赤,近墨者黑。找一个好室友要本着一定的原则:即你们的生活习惯是否相符,你们的志趣是否相投。比如你是一个喜欢泡家的人,你就要了解你未来的室友是喜欢待在家里呢还是喜欢外出?如果你是一个爱安静的人,就找一个爱学习的人同住;如果你是一个爱热闹的人,就找一个爱热闹的人同住;如果你不抽烟喝酒,没有其他不良嗜好,那你千万不要找个抽烟又打牌的合租。如果你是个早睡早起的人,最好避开夜猫子。如果你不喜欢宠物或者对宠物过敏的话,千万不要找那些喜欢养宠物的人!如果你有洁癖,就不能找个乱扔东西的人。事先了解清楚,否则,到时候后悔可就晚了!

但最重要的是你未来的室友的经济状况怎么样。要知道,他(她)要和你共同承担房租的,如果他(她)时常拖欠房租或借钱不还,时间长了,你不是给自己找麻烦吗?经济问题,麻烦多多,事先一定要考虑好!

6.33 在和房地产经纪机构联系业务时,怎样识别少数非法经纪组织和违法经纪组织扰乱租赁市场秩序的行为,以保护自身的合法权益?

在和房地产经纪机构联系业务时,为保护自身的合法权益,你应该注意以下这些问题:

(1) 不轻信广告,尤其是以低价为诱饵的虚假广告

以北京为例,目前北京市房屋租赁市场上,阜成门、中关村、建国门等地区一居室普通住宅租价普遍在 1400~1500 元以上,城近郊区其他地区一居室租价也都不低于 1000 元。如果此时有个别房地产经纪机构发布的广告中标价 500~600 元的话,你可得长个心眼了,一不留神就会跌入其精心铺设的陷阱。像这类明显低于市场价格的广告,就是企图以此吸引客户,牟取不正当利益的,遇见要千万小心,谨防上当。

(2) 认真查看房地产经纪机构(分支机构)的《营业执照》、《资质证书》原件,看是否齐全、真实

按现行规定,无论是房地产经纪机构还是其下设的每个分支机构,均应办理注册登记及资质核准手续,并在其住所明显位置悬挂《营业执照》、《北京市房地产经纪机构资质证书》正本或《北京市房地产经纪机构(分支机构)资质证书》原件,并张贴其全部执业经纪人《北京市房地产经纪资格考试合格证》复印件。

如无此类证书或者证书不全,也应谨慎对待。

(3) 签好房地产经纪合同

签订合同之前务必要认真阅读合同各项条款,对房地产经纪机构出示的格式合同有异议的,可对该合同条款进行修改后再签字或签订补充合同。签订合同时要查看签署合同的执业房地产经纪人的资格证书。

(4) 承租、购买房屋时,要事先查验产权人(出租人)的房屋所有权证及身份证明,并确定系同一人,有条件的还可向街坊或居委会求证。确认房屋具备出租、出售条件后,方可签订合同。

(5) 从事房屋租赁活动时,应到所在区县国土房管局办理房屋租赁合同登记备案手续。将房屋出租给外地来京人员的,要办理《房屋租赁许可证》和《房屋租赁安全合格证》;将房屋出租给境外人士或外资机构的,应办理涉外安全审查手续。从事房屋转让活动时,应如实填报真实成交价格、依法纳税,不给违法经纪机构制造黑箱操作、非法赚取差价的机会。

第 7 章

如何通过中介买卖二手房

随着人们追求生活品质意识以及投资理财意识的提高,二手房买卖活动越来越多的出现在我们的日常生活中。作为一支重要的力量,二手房中介机构的身影频繁的出现在二手房交易活动中。但是,由于我国的房地产中介行业发展时间还不长,另一方面确实存在着一些不法中介利用专业优势、信息优势,通过"吃差价"等行为坑害广大业主的现象,目前房地产中介机构发展中存在着诸多不规范的问题。所谓"知己知彼,百战不殆",广大市民要想在二手房转让交易中避免无谓的损失,就有必要了解其相关知识。比如二手房交易有几种委托方式?各种方式之间有什么差别?二手房的交易程序又是怎么样的?中介机构的收费标准具体有哪些规定?他们会不会乱收费?基础是关键,实践是关键中的关键。相信任何一位明智的市民都不会忽视对二手房交易过程及其细节的关注。

7.1 什么是独家代理卖房?

委托中介机构出售二手房一般有两种方式:独家代理和一般代理。

独家代理是指委托人只能将一套房源委托给一家中介机构代

理销售。因为只能委托一家中介公司，且代理费用高于一般代理的收费，所以中介公司往往具有较高的积极性。但是业主在签订独家代理合同时一定要注意合同的有效期限，一般宜短不宜长，一个月比较合适，以免被"套牢"。合同到期未找到买主，委托人如果对中介机构的工作满意可以续签合同，仍以一个月为限；不满意可以更换公司或改签一般代理合同。

7.2 什么是一般代理？

一般代理是指委托人可将同一套房源同时委托几家中介公司代理销售。由于同时签约几家中介结构，委托人可以有充足的客源。另外，一般代理的费用也比较低。

委托人应该根据自身的条件选择与中介公司签订哪种委托合同。如果委托人签的是由中介公司提供的格式合同，一定要注意有无独家代理条款，如果有此条款而委托人未注意又委托别家代理，则属违约，需要承担违约责任。

7.3 什么是现金收购？

所谓现金收购就是房地产中介机构一次性将全房款付给业主，再由该中介机构将该二手房出售。这种交易方式可以使二手房在短期内迅速变现，在一定程度上能够为急于获得资金的业主带来方便。但是，一般在现金收购之后，中介机构便会再立即转手以高价卖给其他购房者，从中牟利。这样一来，原业主在无形之中就产生了很大的经济损失。

现在很多房地产中介机构都打出了现金收房的牌子，但是现金收房真的如中介机构所讲的那么安全吗？目前，很多不法中介机构抓住业主急于用钱的心理，利用"一次性付全房款"的噱头吸引消费者，压低收购价收购房屋，再以高价转手卖给购房者，从中牟利。

例如，一位王先生为了缓解资金压力，找到一家中介公司代理其两居室的出售业务，并与该公司协商卖价35万元。中介公司提议由其先行支付全部房款并收房,王先生在签订委托卖房包销协议并把房产证交给中介后,就可得到40%的房屋定金款。该公司还保证会在两个月内等房子卖出后立即支付剩余房款。不出两个月,中介通知王先生已将房子出售,并要其去取剩余房款。在取剩余房款的时候,王先生为了省事便与该公司签订了《全权委托公证》协议。但后来一次很偶然的机会王先生得知该公司将其房子卖了50万元。这样一来,中介公司就吃了15万元的差价。

王先生的遭遇只是现金收房过程中最为普遍的一种现象。在广大消费者提高了对现金收房的警惕性之后,很多中介公司又扮作购房者与业主谈判,低价买进高价卖出;更有甚者,中介公司在无法将房屋迅速变现时就将其抵押或者出租,但这一系列的行为都是在业主的名下进行的,所以如果出了问题的话,一切法律后果都要由原业主负责。

如此看来,现金收房也并不像中介公司所宣传的那样安全。那么,消费者如何防范现金收房的陷阱呢?首先,业主在出售房屋时一定要进行过户登记。根据我国法律规定,房屋的买卖以过户登记为生效要件,仅仅公证并不能得到法律保护;其次,房屋买卖双方议定要当面商谈价格,并签订《房屋买卖合同》;最后,售房者应该选择正规且信誉度好的中介机构代理其业务,切忌找黑中介"帮忙"。

7.4 什么是限时速递?

业主将房屋委托给中介机构,经中介机构指定专人评估并与其签订《独家委托代理协议》后,该中介机构将在协议限定的时间内将房屋出售,如果未能按时出售,该中介机构依协议规定给予业主一定数额的赔偿金。

业主与房地产中介机构签订协议后,业主可以得到销售时间上的保证,也可在限定的时间内将房屋出售;中介公司能够为业主提供专业的评估并为业主提供较有竞争力的标价;更为重要的是，如果该中介机构在规定时间内没有将房屋出售时，业主可以根据协议的规定得到一定的补偿。

7.5 什么是租售两全业务？

目前，为了获得更多的业务，有些中介公司推出了租售两全业务。这一业务实质上为业主提供了更为灵活的选择方式。业主在与房地产中介公司签订该业务合同之后，可以得到一年的稳定租约，由中介公司对该套房屋进行出租和管理。在一年的期间内，业主可以随时决定出售该房，业主决定出售该套房屋后，可以与中介公司签订委托出售代理合同，委托该中介按照合同约定期限支付房款（房屋总价按照双方约定的房屋出售价格扣除租期内未满的租金）。如果业主在一年之内没有出售该套房屋的意愿，则在一年期满后可以续签合同，继续租售两全业务。

7.6 二手房房价如何评估？

目前，多数房地产中介机构在为业主代理售房时均推出免费评估业务，这在方便业主的同时也让业主产生了新的不安。中介机构能否给出较为公平合理的房屋价格，它是否会在这一过程中吃"差价"？因此，了解一定的房地产价格评估方法对于广大的业主来讲还是很有必要的。

房地产价格评估是指以技术标准结合市场情况，用公正、公开的原则，对房地产的经济价值进行确认的行为，为涉及房地产经济行为的当事人提供公平、合理的一个价格标准。房地产价格评估常见的方法有成本法、市场比较法、收益法等。

作为一种特殊的商品，房地产价格的影响因素有很多，单凭经验是难以掌握的。专业评估人员也要综合采用两种甚至两种以上的评估方法来确定比较合理的价格。

在对房地产价格进行评估时通常采用成本法和市场比较法。

成本法是按建造房屋实际所需的各项费用来计算某一房地产的价格。

市场比较法是比较流行的一种评估方法，就是用近期内已知或已经发生的交易实例，从中选用地段、房屋状况相近的房地产，将之与需要评估的房地产进行比较，先得出一个初步的价格。由于完全相同的房地产是没有的，即使是非常类似的房地产，也会受成交日期、区域、环境等因素影响，因此，市场比较法需要对初步价格进行修正后，确定出一个比较合理的价格。

7.7 影响二手房价格的因素有哪些？

影响二手房房价的因素可以分为一般性因素、区域因素以及个别因素。那些作用不是很明显，但却随时随地都在起基础性作用的因素可以称为一般性因素。城市人口密度、社区类型、家庭规模及心理因素等都可以归为一般性因素；区域因素较易理解，顾名思义，这是针对住宅的区位而言的。二手房价格与区位质量的优良程度有着非常密切的关系。该区位的气候条件、交通通达度、基础设施完善程度以及社区环境状况的优劣都对二手房价格的高低起着举足轻重的作用；对于购买二手房的消费者来说，与日常生活息息相关的个别因素，比如房屋成新率、楼层、朝向及户型格局都有着相当重要的作用。房屋装修对房屋价格有一定的影响，但只能在一定程度上给予适当考虑。此外，购房者的偏好及交易心态对二手房的价格也有较大的影响。

总结起来，影响二手房评估价的首先是区域因素，其次是房屋自身因素。其中对房屋价格影响较大的是房屋成新率、楼层、朝向及户型格局。房屋装修对房屋价格有一定的影响，但只能在一定程度上给予适当考虑。

7.8 中介给出的评估价格能够完全相信吗？

近年来，许多业主反映，他们在办理二手房买卖业务的时候，许多中介公司给出的房屋评估价格悬殊，这不禁使他们产生了疑问：二手房中介公司给出的评估价格可信吗？对于广大的业主来讲，将房屋委托给中介公司进行出售是一种较为省时省力的做法,但是因为目前二手房中介市场的不规范,如果业主将其房屋全权委托给中介公司,往往会造成一些不必要的损失。尤其对于二手房价格来讲,中介机构给的评估价格,不能完全相信。

二手房出售者可以委托有资质的专业房地产估价机构出具估价报告书,结合自己的实际情况,在委托二手房中介处理房产。

7.9 业主什么时候将钥匙交给中介公司合适?

许多售房者在同中介公司签订了委托出售合同后,为了避免一次次看房的麻烦,便将自己的钥匙交给中介公司保管。认为这样做既可以省去看房的麻烦,又可以方便中介公司尽快地帮自己把房子卖出去。其实,这种做法是相当不明智的。在二手房交易过程中,业主在交钥匙的问题上一定要慎重。相信下面的案例会给业主们一些启示。

张先生购置了一套新宅,打算将原来的房子卖掉。经过仔细考察后,他最终选择了一家中介公司,并与该公司签订了三个月的独家代理合同。

由于张先生工作比较繁忙,为了省去不必要的麻烦,他将钥匙交给了中介公司。因为还没有来得及完全搬出,张先生还有相当一部分家具在旧宅内。然而当张先生回到原来的家时,发现家中被盗了。由于房门并没有被撬的痕迹,张先生怀疑是中介公司所为,而中介公司也觉得自己很冤枉。

因此,业主为了维护自己的财产安全,在还没有完全搬出之前不要将房子的钥匙交给中介公司。另外,许多中介公司也并不主张业主将钥匙交给他们的做法。虽然交钥匙方便了中介公司看房,但是,万一发生失窃等意外情况,责任归属问题就十分麻烦。许多大型中介对保管业主的钥匙也保持谨慎态度。因此,业主千万不要图一时之便,给自己带来损失。如果业主真的打算将钥匙交给中介公司的话,一定要选择大型的有良好信誉的中介公司,且与其约定好权利义务,避免后面产生纠纷。

7.10 出售二手房收取定金时,是否应该留下房产证?

一般来讲,二手房买卖双方签订了协议,并且卖方已收取了定金后,为了避免业主拿着房产证再去收别人的定金,有些买家会要求卖方留下房产证。但是对于业主来说,将房产证交给买方心里并不踏实。另外,由于大部分二手房交易是通过中介公司进行的,所以有些业主认为将房产证放在中介公司是比较理想的选择。对于中介来说,业主留下房产证方便操作过户手续。但是,广大业主一定要注意,务必仔细考察该中介公司的信誉等各方面的情况,否则将房产证放在中介公司也是十分危险的,容易给自己带来不必要的麻烦及意外损失。同时,如果业主将房产证交给中介公司的话,中介公司应该仔细保管,一旦遗失,补证的手续繁复且需时半年。

7.11 售房者在与购房者见面之后,能够跳过中介机构直接与购房者交易吗?

有相当一部分售房者中介通过中介公司与购房者见面之后,便打算跳过中介公司直接与购房者进行交易。这样的话不仅可以省去一笔中介费,还可以防止中介公司采取非法手段坑害自己。其实这种做法得不偿失。首先,售房者跳过中介公司直接与购房者进行交易,直接体现出来的便是售房者道德素质不高,不能够做到诚实信用;其次,二手房交易需要经过一系列复杂的过程,中间需要办理各种手续,还要缴纳各种税费,不长期从事这一行业的售房者很难轻松迅速的将这些事情办好。不仅不能省事,反而会费时费力;最后,在二手房交易过程中,还可能会出现购房者违背诚信原则,坑害售房者的行为。二手房的买卖本身就是双方博弈的过程,售房者稍有不慎便有可能承受损失。一旦发生欺诈行为,售房者在承受损失的同时还需要花上时间和精力维权。因此,跳过中介公司直接与购房者进行交易,确实不是广大业主的明智之举,业主一定要把方方面面的问题考虑清楚之后再采取行动。

7.12 中介不知下家联系方式，卖房合同可否取消？

李先生于去年 12 月份在中介公司的撮合下与下家丁先生签订了一份房地产买卖合同，约定将其一套商品房转让给他。由于当时李先生的小产权证还未办出，就和下家在合同的补充条款中约定，待其办出后三天内通知他办理过户手续，而且还约定若李先生不卖房要承担 20% 的违约金。现在李先生的小产权证已经办好，要求中介公司通知丁先生办理过户手续，而中介公司却说下家没有留联系方式，又说下家可能一时资金困难，要迟延十五天付款，让李先生耐心等候。在这种情况下，为了安全起见，李先生打算解除二手房买卖合同。

中介公司没有留下委托人的联系方式，在实践中确实比较罕见。对于中介公司来说，没有委托人的联系方式几乎就无法开展居间工作。而作为上家的李先生，在签约过程中也有失误，由于无法通知到下家丁先生，对合同的履行势必造成一定的障碍，甚至有可能会莫名其妙地成为违约方被对方告上法庭。但如果因为下家丁先生没有留下联系方式，李先生便以此为由提出解除合同是欠妥的。但就这个案例而言，该中介公司一方面说没有留下下家丁先生的联系方式，另一方面又说丁先生的资金周转有困难，需要延期付款，确实存在着自相矛盾之处。此时不能排除该中介公司故意隐瞒下家联系方式的可能性。另外，也不能排除一些中介公司由于不能直接参与炒楼盘，假借他人名义购房，进行变相炒房的行为。在这种情况下，中介公司说下家资金周转困难，很有可能就是该公司自己资金有困难，找各种理由拖延时间。因此，对于李先生来说，此时他应该保存相关证据，避免自己承担违约的风险。他应该尽快以书面形式与该中介公司进行交涉，要求其提供下家丁先生的联系方式，在中介公司明确答复其无法提供的情况下，委托律师到户籍管理部门查询丁先生的信息，并按照其登记的住址以书面的形式通知其履行合同约定的义务。如果经过一定的合理期限,丁先生仍没有答复,则李先生可以依法解除二手房买卖合同。

7.13 办理差价换房手续时应提交些什么文件?

当事人办理差价换房手续时,应向房地产交易管理机构提交下列文件:
(1) 差价换房合同;
(2) 同住成年人签字同意差价换房的书面证明;
(3) 租用公有住房凭证或者房地产权证书;
(4) 户籍证明。

7.14 如何使用差价换房中有偿转让所得价款?

当事人有偿转让公有住房承租权的,房地产交易管理机构应当将其转让所得价款存入公有住房所在地区的区、县房地产管理部门指定的银行,由银行开具购房存款单。购房存款单应当专项用于购买商品住房或者其他住房,不得转让、质押。凡不购房的,3年内不得兑取现金。当事人购买商品住房或者其他住房的,有关银行应当按照购房合同的约定,将购房存款单的款额转移交付;转移支付后的余额部分,可以由当事人以现金方式提取。

7.15 委托经纪机构进行差价换房应注意什么?

凡从事差价换房中介业务的房地产经纪机构必须是经工商行政管理部门登记注册,取得房地产经纪(含公有住房差价交换)经营业务,并经房地产管理部门备案认定的机构。

房地产经纪机构从事差价换房中介业务应与当事人签订书面的房地产经纪委托合同。受委托的房地产经纪机构和人员应在当事人签订的差价换房合同内签字盖章。不按规定在差价换房合同内签字盖章的,当事人可以拒付中介服务费。

7.16 买二手房的具体步骤有哪些?

一般地,购买二手房需要经过以下几步:

第一步:了解和寻找房源。

了解和寻找房源有以下几种途径:

(1) 通过亲朋介绍。这种方法的信息比较可靠,但面较窄,成功的几率较低。

(2) 通过报纸、网络信息或登出求购信息进行了解和寻找。这种方法的选择面很宽,但很多广告内容非常混杂,你必须认真识别相关信息的真实性,以避免盲目或受到无谓打扰。

(3) 通过房地产中介公司。这种方法省时、省力、安全,能在较短的时间内寻找到合适的房源,但你要付出一定的代理佣金,对于对买卖二手房不太了解的购房者建议去房地产中介公司,但要注意中介公司的真实性和可靠性,毕竟现在信誉不好的中介公司也很多。

第二步:实地看房。选择好目标房源后,你需要亲自到现场查看,这是不可缺少的步骤,耳听为虚,眼见为实嘛。一定要与产权所有人亲自面谈,落实好房屋的产权性质,是否已具备上市交易条件。对已装修的房屋,要查看水、电、天然气、暖气等设施是否能够正常使用,房屋有无明显质量问题等。

第三步:协商和签约。确定要购买的房屋后,你就可以与卖方协商、签订合同了。在合同中应根据你与卖方协商的内容,详细、清楚地写明买卖双方及有关第三方的权利和义务,明确付款方式、办理产权过户的时间、房屋交付的时间和方法以及安全交易条款,合同中还应明确规定对于违约行为所应承担的责任和发生纠纷后的法律解决途径。由经纪公司代理买卖的,买卖双方还应与经纪公司签定居间担保合同,并明确经纪方应承担的居间担保责任以及经纪方在交易过程中应提供的服务内容。

第四步:产权过户。签订了买卖合同,交易双方即可携带相关手续到房屋所属区、县房地产交易部门办理产权交易手续;交易部门经过相应的审查程序，确定房屋产权是否具备转让条件；按照合同规定的付款方式付清购房款，房地产交易部门正式受理转让申请；买卖双方应缴纳相关税费，并向买方核发房屋所有权证。具有土地使用权证的还要到土地管理部门办理土地使用权变更手续。

购房者如需银行贷款，还应在办理产权过户手续前办理银行的申请贷款手续。

7.17 买卖二手房要去哪些机构？

一般地，买卖二手房需要经过以下几种机构：

（1）中介代理机构。由于二手房交易头绪繁多，对于不太了解交易流程、交易法规的购房者来说可以委托中介代理公司为其提供相关服务。但有以下几点需要注意：代理机构是否合法，是否正规？代理机构提供的服务有哪几项，收费如何？是否可以帮助申请二手房按揭贷款？买卖过程中若发生了问题，代理行是否有义务、有能力负责赔偿损失等。

（2）律师事务所。与房地产一级市场相比较，二手房市场情形复杂，风险较大。聘请律师可以保证你的权益不受到侵害。例如帮助起草合同、谈判、修订合同；帮助买家审核卖家的产权状况、是否存在欠缴房价款、物业管理费等情况；代理买卖双方对价格评估申请异议复核程序；帮助卖家审核买家资信状况等。

（3）评估事务所。二手房买卖双方当事人向房地产管理部门申报其成交价格时，房地产管理部门如果认为明显低于市场价值，会委托具有一定资质的专业评估机构对交易的房地产进行评估，并以评估的价格作为缴纳税费的依据。交易双方为确定合理的交易价格，也可以委托评估事务所进行评估，以评估价作为交易价格的参考。此外，进行房地产保险、申请抵押贷款、遇到征地和房屋拆迁以及发生房地产纠纷时都需要进行房地产估价。

（4）公证机构。公证具有预防纠纷、防范风险的功能。二手房买卖涉及的公证包括：房产买卖合同及补充协议的公证；卖方资信审查；住房贷款申请人资信材料审查；借款人与银行签订《借款合同》、《抵押合同》等公证、贷款抵押人签署的授权委托书公证等。

（5）保险机构。办理个人住房保险，能使个人在遭受自然灾害或意外事故的损失后得到经济补偿。买房人如果向银行申请二手房抵押贷款，银行将要求申请人为抵押的住房投保，投保期限与抵押期限一致。即使买房人不申请贷款，也可以为购进的住房办理非抵押住房保险，保险期限一般为一年。

7.18　二手房中介费该向买卖双方谁收？

目前，在中介费该向谁收的问题上没有统一的做法，有的向卖方收，有的向买方收，有的向买卖双方收，但这三种做法其实并无太大差异，都是羊毛出在羊身上，如果向卖方收取，房价会比较高，因为卖方会预留出交给中介的中介费，如果买方出价低于房价与中介费的总合，卖方肯定不会出手，"羊毛出在羊身上"，买房人并未得到便宜；如果向买方收取，卖方只要原本的房价，但买方必须承担中介费，实际上和前一种并无二致。

7.19　如何避免二手房交易的定金纠纷？

在二手房交易过程中，定金应是上家卖房、下家买房的担保，上家违反约定不卖房应向下家双倍返还定金；下家违反约定不买房无权要求上家返还定金。目前，二手房交易过程中，定金的交付多数是由下家交给中介公司，再由中介公司转交给上家。由于中介公司在收取定金时的法律地位并不明确，极容易引发二手房交易中上下家之间的定金纠纷。广大购房者在交付定金时如何避免以后发生定金纠纷呢？建议采取以下四个步骤来避免：

（1）要求中介公司出示其与上家之间就该房屋挂牌出售的委托协议。在该协议中应当包括房屋基本状况、房价、委托期限及委托中介公司向下家收取定金的内容。

（2）与中介公司签订书面的中介协议。该协议至少应包括房屋基本状况、房价、保留期限及定金的处理方法等约定,并一定要加盖中介公司的印章。

(3) 与中介公司签好中介协议后实际交付定金前,购房者还应要求中介公司出具上家委托中介收取定金的委托书。

(4) 收到委托书后,在交付定金时应要求中介公司出具收取定金的收据。该收据仅有中介公司经办人员的签字不行,一定要加盖中介公司的印章。

遵循上述四个步骤交付定金,下家与上家之间的定金合同便能确保有效成立,一旦出现上家因房价上涨等原因不同意出售房屋时,下家便可依定金合同要求上家双倍返还定金,保障下家的合法权益。

7.20 如何避免中介公司暗箱操作?

很多消费者在购房时都要和房地产中介商打交道,某些中介商特别是一些中小型的中介会玩一些花招来欺骗消费者,使消费者的利益收到了损害,那么这些花招都有什么呢?

(1) 吃差价:一般的做法是,中介与卖家谈判时故意压低房价,与买家谈判时却又抬高房价,从而获得其中的差价,为防止这种做法,买家一定要与卖家面谈价格。

(2) 乱收费:一些房地产中介利用各种名义向客户收取不正当费用,因此,消费者需了解政府规定的收费项目,在合同里要把需要收费的项目写清,对于不合理的收费拒绝支付。

(3) 霸王条款:一些中介在合同中设置"霸王条款",以违约赔偿金要挟客户,限制客户的契约自由和选择权。对于这样的合同消费者要勇于捍卫自己的权利,如果中介商不肯更改合同,你可以另寻他家。

(4) 虚夸房屋面积:中介向买家推介房源时往往将一套房多报几平方米的面积。但在二手房的合同上却打法律的擦边球,房价却以套来计算。对此,最保险的办法是自己测量或者请专业人士帮助实地测量一下房屋面积。

（5）串通业主骗定金：有些中介公司与业主串通一气骗买主上钩，等买主看了房、交了佣金甚至定金后，就编造各种理由致使交易不成。因此消费者一定要去比较正规的中介公司，防止受骗上当。

附 录

附录一　房地产中介合同参考格式

房地产中介服务合同(买方/承租方)
说　明

1. 签订本合同前，当事人应当仔细阅读本合同内容，对合同条款及用词理解不一致的，应该进一步协商，达成一致意见。

2. 本合同为示范文本，为体现协议双方的自愿原则，本合同文本中相关条款后都有空白行，供双方自行约定或补充约定。双方当事人可以对文本条款的内容进行增补或删减。合同签订后，未被修改的文本印刷文字视为双方同意内容。

3. 对合同文本【　　】中选择内容、空格部位填写及其他需要删除或添加的内容，双方应当协商确定。【　　】中选择内容，以划√方式选定；对于实际情况未发生或双方不作约定时，应在空格部位打×，以示删除。

甲方(中介公司)：_____，中介公司资质证号：_____，
联系电话：_____，联系地址：_____，
经纪人：_____，经纪证号：_____；经纪人：_____，经纪证号：____。
乙方(买方/承租方)：_____，身份证号：_____，
联系电话：_____，联系地址：_____，
委托代理人姓名：_____，身份证号：_____，
联系电话：_____，联系地址：_____。

根据有关法律法规的规定，甲乙双方本着诚实信用的原则，经协商一致达成如下协议。

第一条　中介服务内容

甲方为乙方提供【独家】【非独家】中介服务，期限为_____，自_____年_____月_____日至_____年_____月_____日。

甲方为乙方提供【购买】【租赁】【住宅】【写字楼】【商铺】【工厂】【其他_____】的中介服务。

甲方促成乙方签署【买卖】【租赁】合同后，乙方【需要】【不需要】甲方提供代理办理房地产【交易过户】【租赁登记】【其他_____】手续的中介服务。

乙方【同意】【不同意】授权甲方代为【预约办理】【申请办理】_____公证。

其他_____

第二条　乙方需求房地产的基本情况

1. 乙方需要【购买】【租赁】的房地产为【住宅】【写字楼】【商铺】【工厂】【其他_____】。

2. 房地产地址：_____；建筑时间_____。

3. 房地产【建筑面积】【套内面积】面积：_____。

4. 房地产以【建筑面积】【套内面积】计算，单价为人民币每平方米_____元范围内，总金额为人民币_____元(¥_____)范围内。

5. 该房地产按套出售并计价，总金额为人民币_____元(¥_____)范围内。

6. 乙方同意付款方式：【一次性付款】【分期付款】【按揭付款】【其他_____】。

7. 税费缴交方式【各付各税】【税费全部由买方/承租方支付】【税费全部由卖方/出租方支付】。

8. 其他_____

第三条　甲方权利义务

1. 甲方根据诚实信用原则为乙方提供中介服务，有权向乙方收取中介服务费或要求乙方支付从事中介活动支出的必要费用。

2. 甲方根据合同开展中介活动，为乙方寻找可【购买】【租赁】的房地产对象。

3. 甲方应当核实介绍给乙方的房地产权属资料并如实告知乙方，乙方要求甲方提供由政府相关部门出具的证明资料，甲方应向政府相关部门申请，所需费用由乙方承担。

4. 甲方应当根据合同带乙方察看可供乙方【购买】【租赁】的房地产。

5. 促成乙方达成【买卖】【租赁】合同。

6. 为乙方提供房地产交易及房屋租赁方面的咨询。

7. 甲方必须如实将交易进展情况通报乙方。
8. 非经乙方同意,甲方不得泄露乙方的信息资料。
9. 其他_____

第四条 乙方权利义务

1. 乙方有权向甲方询问交易进展情况,甲方必须如实告知,不得隐瞒。

2. 甲方为乙方提供中介服务过程中,乙方应予配合并提供必要的协助。

3. 甲方根据诚实信用原则为乙方的房地产提供中介服务的,乙方应支付中介服务费或支付甲方从事中介活动支出的必要费用。

4. 甲方根据合同规定条件为乙方找到【出售】【租赁】的房地产后,应及时通知乙方并约定签署房屋买卖合同的时间,乙方应在约定时间内签署房屋买卖合同。

5. 其他_____

第五条 中介服务费、协办手续费给付

甲方促成乙方签署【买卖】【租赁】合同的,乙方应在【合同签订当日】【合同生效之日】【其他_____】向甲方支付人民币_____(￥_____)作为中介服务费。

甲方促成乙方签署【买卖】【租赁】合同后,乙方需要甲方代办房地产【交易过户】【入住手续并结清有关费用】【租赁登记】【其他_____】手续,乙方应向甲方支付人民币_____(￥_____)作为协办手续费。

其他_____

第六条 合同的解除和变更

乙方可以随时取消委托或变更出售、出租条件,但应及时通知甲方;乙方通知甲方取消委托或变更出售、出租条件前,甲方已为乙方提供符合本合同约定的中介服务的,乙方应向甲方支付从事中介活动支出的必要费用(该费用不得超过中介服务费)。

第七条 法律责任

1. 甲乙双方不履行本合同规定或履行合同不符合约定的,应当承担违约责任,违约方应支付违约金,违约金标准为_____。

2. 乙方逾期支付中介服务费的,应向甲方支付违约金,违约金的标准为_____。

3. 甲方在提供中介服务过程中存在隐瞒或欺诈,致使乙方受到损失,甲方不得收取中介服务费,并应赔偿乙方的损失。

4. 因乙方未能及时履行义务,导致甲方未能促成乙方签署【买卖】【租赁】合同的,甲方可以要求乙方支付违约金,违约金为_____,但不得再要求乙方支付中介服务费。

5. 乙方与甲方介绍的客户私下交易的,甲方可以要求乙方支付中介服务费,并可要求乙方支付违约金,违约金为_____。

其他_____

第八条 免责条款

1. 因不可抗力导致本中介服务合同无法履行的;

2. _____

第九条 纠纷解决方式

本合同在履行过程中发生的争议,双方当事人协商不成的按下述第_____种方式解决:

1. 提交广州仲裁委员会仲裁;

2. 提交_____仲裁委员会仲裁;

3. 依法向人民法院起诉。

第十条 本合同未尽事宜,可由双方约定后签订补充协议作为本合同附件。合同附件与正文具有同等法律效力。

第十一条 本合同连同附件共____页,一式____份,具有同等法律效力,合同持有情况:甲方____份,乙方____份。

甲方(签章): 乙方(签章):

委托代理人: 委托代理人:

签约时间: 签约时间:

房地产中介服务合同(卖方/出租方)

说 明

1. 签订本合同前,当事人应当仔细阅读本合同内容,对合同条款及用词理解不一致的,应该进一步协商,达成一致意见。

2. 本合同为示范文本,为体现协议双方的自愿原则,本合同文本中相关条款后都有空白行,供双方自行约定或补充约定。双方当事人可以对文本条款的内容进行增补或删减。合同签订后,未被修改的文本印刷文字视为双方同意内容。

3. 对合同文本【 】中选择内容、空格部位填写及其他需要删除或添加的内容,双方应当协商确定。【　　】中选择内容,以划√方式选定;对于实际情况未发生或双方不作约定时,应在空格部位打×,以示删除。

甲方(中介公司):＿＿＿＿＿＿＿＿＿＿＿＿,中介公司资质证号:＿＿＿＿。
联系电话:＿＿＿＿＿＿＿＿,联系地址:＿＿＿＿＿＿＿＿＿＿＿＿。
经纪人:＿＿＿＿＿,经纪证号:＿＿＿＿＿＿;经纪人:＿＿＿＿＿,经纪证号:＿＿＿＿＿＿。
乙方(卖方/出租方):＿＿＿＿＿＿＿,身份证号:＿＿＿＿＿＿＿＿＿＿,
联系电话:＿＿＿＿＿＿＿＿,联系地址:＿＿＿＿＿＿＿＿＿＿＿＿。
委托代理人姓名:＿＿＿＿＿＿＿＿,身份证号:＿＿＿＿＿＿＿＿＿＿,
联系电话:＿＿＿＿＿＿＿＿,联系地址:＿＿＿＿＿＿＿＿＿＿＿＿。

根据有关法律法规的规定,甲乙双方本着诚实信用的原则,经协商一致达成如下协议。

第一条　中介服务内容

甲方为乙方提供【独家】【非独家】中介服务,期限为＿＿＿＿＿＿,自＿＿＿＿年＿＿＿月＿＿＿日至＿＿＿＿＿＿年＿＿＿月＿＿＿日。

甲方为乙方的房地产提供【出售】【租赁】的中介服务。

甲方促成乙方与【购买】【租赁】其房地产的当事人签署【买卖】【租赁】合同后,乙方【需要】【不需要】甲方提供代理办理房地产【交易过户】【租赁登记】手续的中介服务。

乙方【同意】【不同意】授权甲方代为【预约办理】【申请办理】＿＿＿＿＿＿公证。

乙方【同意】【不同意】将房地产的钥匙交由甲方代为保管以供查看之用。

乙方【同意】【不同意】授权甲方将房地产的钥匙交予其他中介公司,以供查看之用。

其他＿＿＿＿＿＿＿＿＿＿＿＿＿＿＿＿＿＿＿＿＿＿。

第二条　房地产权属情况

房地产地址:＿＿＿＿＿＿＿＿＿＿＿;建筑时间＿＿＿＿＿＿＿＿;房地产【建筑面积】【套内面积】面积:＿＿＿＿＿＿＿＿＿＿＿。

房地产使用用途为【住宅】【写字楼】【商铺】【工厂】【其他＿＿＿＿＿】;性质为【房改房】【商品房】【其他＿＿＿＿＿】;房地产证证号:＿＿＿＿＿。

乙方房地产为【独家所有】【共有】【其他＿＿＿＿＿＿】;【有】【没有】抵押;【有】【没有】被查封;【有】【没有】出租。

其他＿＿＿＿＿＿＿＿＿＿＿＿＿＿＿＿＿＿＿＿＿＿＿＿＿＿＿＿＿

＊房地产权属情况是房地产能否交易过户的关键资料，乙方必须完整如实填写，甲方必须对乙方提供和填写的资料进行核实。

第三条　价款、收款方式和法律法规规定的税费

乙方同意甲方按照下列条件发出要约邀请(俗称"放盘")：

1. 该房地产按套出售并计价，总金额为人民币＿＿＿＿＿＿元(￥＿＿＿＿＿＿)范围内。

2. 该房地产以【建筑面积】【套内面积】计算，单价为人民币每平方米＿＿＿＿＿元范围内，总金额为人民币＿＿＿＿＿元(￥＿＿＿＿＿)范围内。

3. 乙方同意收款方式：【一次性收款】【分期收款】【按揭收款】【其他＿＿＿＿＿】。

4. 税费缴交方式【各付各税】【税费全部由买方/承租方支付】【税费全部由卖方/出租方支付】。

其他＿＿＿＿＿＿＿＿＿＿＿＿＿＿＿＿＿＿＿＿＿＿＿＿＿＿＿＿＿

＊要约邀请：是希望他人向自己发出要约的意思表示。

第四条　甲方权利义务

1. 甲方根据诚实信用原则为乙方提供中介服务，有权向乙方收取中介服务费或要求乙方支付从事中介活动支出的必要费用。

2. 甲方根据合同开展中介活动，为乙方房地产寻找【购买】【租赁】对象，经乙方【同意】【不同意】，甲方发布该房地产的广告，广告宣传费由【甲方】【乙方】承担。

3. 甲方必须对乙方房地产的资料进行核实。

4. 甲方应当根据协议，带【购买】【租赁】方察看该房地产，并将该房地产权属情况如实告知【购买】【租赁】方。

5. 促成乙方与【购买】【租赁】方达成【买卖】【租赁】合同。

6. 为乙方提供房地产交易过户方面的咨询。

7. 甲方必须如实将交易进展情况通报乙方。

8. 非经乙方同意，甲方不得泄露乙方的信息资料。

9. 其他＿＿＿＿＿＿＿＿＿＿＿＿＿＿＿＿＿＿＿＿＿＿＿＿＿

第五条　乙方权利义务

1. 乙方有权向甲方询问交易进展情况，甲方必须如实告知，不得隐瞒。

2. 乙方必须保证所填写的房地产权属情况真实；向甲方提供相应的房

地产资料;并保证本人对该房地产拥有完整产权或已取得其他业主的委托有权处置该房地产。

3. 甲方为乙方提供中介服务过程中,乙方应当予以配合并提供必要的协助。

4. 乙方应当根据合同向甲方支付中介服务费或支付甲方从事中介活动支出的必要费用。

5. 甲方根据合同规定条件为乙方找到【购买】【租赁】其房地产的当事人后,应及时通知乙方并约定签署房屋【买卖】【租赁】合同的时间,乙方应在约定时间内签署房屋买卖合同。

6. 其他＿＿＿＿＿＿

第六条　中介服务费、协办手续费给付

甲方促成乙方与【购买】【租赁】其房地产的当事人签署【买卖】【租赁】合同的,乙方应在【合同签订当日】【合同生效之日】【其他＿＿＿＿＿＿＿＿＿】向甲方支付人民币＿＿＿＿＿＿＿＿(￥＿＿＿＿)作为中介服务费。

甲方促成乙方与【购买】【租赁】其房地产的当事人签署【购买】【租赁】合同后,乙方需要

甲方代办房地产【交易过户】【入住手续并结清有关费用】【赎契手续】【租赁登记】【其他＿＿＿＿＿】手续的,乙方应向甲方支付人民币＿＿＿＿＿(￥＿＿＿＿＿)作为协办手续费。

其他＿＿＿＿＿＿＿＿＿＿＿＿＿＿＿＿＿＿＿＿＿＿

第七条　合同的解除和变更

乙方可以随时取消委托或变更出售、出租条件,但应及时通知甲方;乙方通知甲方取消委托或变更出售、出租条件前,甲方已为乙方提供符合本合同约定的中介服务的,乙方应向甲方支付从事中介活动支出的必要费用(该费用不得超过中介服务费)。

第八条　法律责任

1. 甲乙双方不履行本合同规定或履行合同不符合约定的,应当承担违约责任,违约方应支付违约金,违约金标准为＿＿＿＿＿＿。

2. 乙方逾期支付中介服务费的,应向甲方支付违约金,违约金的标准为＿＿＿＿＿。

3. 甲方在提供中介服务过程中存在隐瞒或欺诈,致使乙方受到损失,甲方不得收取中介服务费,并应赔偿乙方的损失。

4. 因乙方未能及时履行义务，导致甲方未能促成乙方与【购买】【租赁】其房地产的当事人签署【买卖】【租赁】合同的，甲方可以要求乙方支付违约金，违约金为_____，但不得再要求乙方支付中介服务费。

5. 乙方与甲方介绍的客户私下交易的，甲方可以要求乙方支付中介服务费，并可要求乙方支付违约金，违约金为_____。

其他_____

第九条 免责条款
1. 因不可抗力导致本中介服务合同无法履行的；
2. _____

第十条 纠纷解决方式
本合同在履行过程中发生的争议，双方当事人协商不成的按下述第____种方式解决：
 1. 交广州仲裁委员会仲裁；
 2. 提交_____仲裁委员会仲裁；
 3. 依法向人民法院起诉。

第十条 本合同未尽事宜，可由双方约定后签订补充协议作为本合同附件。合同附件与正文具有同等法律效力。

第十一条 本合同连同附件共____页，一式____份，具有同等法律效力，合同持有情况：甲方____份，乙方____份。

甲方（签章）： 　　　　　乙方（签章）：
委托代理人： 　　　　　　委托代理人：
签约时间： 　　　　　　　签约时间：

（注：以上两份房地产中介服务合同样本来源：广州市房地产中介服务管理所 http://www.gzzjs.com/ArticleShow.asp?ArticleID=274）

北京市房地产经纪合同

委托人（甲方）：_____
经纪人（乙方）：_____

依据国家有关法律、法规和本市有关规定，甲、乙双方在平等、自愿和协商一致的基础上，就甲方委托乙方，乙方接受甲方委托从事房地产经纪事项达成一致，订立本合同。

第一条 甲乙双方应提供下列相应证件：
甲方提供：1."销售许可证"；2.权属证件；3.物业的具体情况；

4. 法定代表人身份证明；5. 营业执照；6. 个人身份证。

乙方提供：1. 经纪机构"资质证书"；2. 经纪人岗位"资格证"；3. 经纪人身份证；4. 营业执照。

第二条 甲方委托乙方据实为其提供房地产经纪服务。共____项：

1. 房地产经纪事项内容：_____
2. 具体要求：_____
3. 其他要求：_____

第三条 甲、乙双方议定，在本合同履行期限内，甲方对其委托各房地产经纪事项，应在规定范围之内按下列比率向乙方支付服务费。

委托代理房地产转让，按成交价的____%计算支付；

代理房地产租赁的，按年租金的____%一次性计算支付；

代理房地产交换的，按房地产评估价值的____%计算支付；

其他服务项目支付_____元。

服务费支付的时间、条件、金额、支付方式和结算方法，由甲、乙双方在合同补充条款中约定。

第四条 本合同履行期间，除甲方原因，乙方不能履行本合同第二条服务事项的，甲方不支付本合同第三条约定的各项服务费。乙方应将甲方已预付的服务费全部退还。乙方不能完全履行服务项目，则相应减少甲方应支付的服务费。具体数额甲、乙双方在补充条款中另行约定。

本合同生效后，在合同履行期间甲方未经乙方同意，中途毁约，甲方已支付给乙方的服务费不予退还。未支付给乙方服务费，乙方有权按双方约定服务费的标准，向甲方追索。

第五条 本合同履行期间，甲、乙任何一方需变更本合同的，要求变更一方应及时书面通知对方，征得对方同意后，双方在规定的时限内（书面通知发出____天内）签订变更协议，否则，由此造成对方的经济损失，由责任方承担。

第六条 本合同履行期间，乙方应定期将本合同第二条为甲方服务的各房地产经纪事项情况及时通告甲方，甲方对乙方的履约应提供必要的帮助。并有权随时进行查询、督促。

乙方将本合同第二条为甲方服务的各房地产经纪事项转委托其他房地产经纪人的，必须事先征得甲方的书面同意，由此而增加的费用和法律责任，由乙方承担。

第七条 甲、乙双方商定，乙方有下列情况之一的，甲方有权按本合同第十三条约定，追偿因乙方过失造成的经济损失：

1. 未经甲方书面同意，擅自改变为甲方服务的各房地产经纪事项内容、要求和标准的；

2. 未经甲方书面同意，转委托他人代理的；

3. 违反国家和本市有关法律、法规、违背诚实信用原则，或与他人恶意串通，损害当事人利益的；

4. _____

第八条 甲、乙双方商定，甲方有下列情况之一的，乙方有权按本合同第十三条约定，追偿因甲方过失所造成的经济损失：

1. 要求乙方服务的房地产经纪事项不明确，或提供的有关证件和资料不实；

2. 甲方利用乙方提供的信息、条件、机会，擅自不履行合同；

3. 违反本合同第三条及补充条款的约定，不按期给付或拒付服务费的；

4. _____

第九条 甲、乙双方商定，乙方履行本合同第二条各房地产经纪事项的服务，必须自本合同生效之日起至____年____月____日止。除甲乙双方另有约定同意延期外，逾期视作本合同自行终止。在本合同终止后的____日内，如果委托人直接或间接地与经纪人最初物色的客户成交，那么经纪人有权获得经纪合同中订立的佣金。

第十条 本合同履行期间，甲、乙双方因履行本合同而签署的补充协议及其他书面的文件，均为本合同不可分割的部分，具有同等法律效力。

第十一条 本合同及补充条款中未约定的事项，应遵循我国有关法律、法规和本市规定执行。

第十二条 本合同签订后，需要公证的，可按本市公证的有关规定申请办理公证手续。

第十三条 甲、乙双方在履行合同过程中发生争议，由甲、乙双方协商解决，协商不成的按本合同约定的下列方法之一，进行解决：

1. 向_____仲裁委员会申请仲裁；

2. 向人民法院提起诉讼。

第十四条 本合同一式____份，甲、乙双方各执____份，具有同等法律效力。

甲方(签章)　　　　　　　　　　　　　　　　乙方(签章)

营业执照号码	营业执照号码
个人身份证号	
法定代表人	法定代表人
住址/注册地址	注册地址
邮政编码	邮政编码
联系电话	联系电话
传真号码	传真号码
委托代理人	承办经纪人员
（资格证编号：）	
房地产权证/商品房现（预）售许可证	
（证件编号：）	
签约日期	签约日期

北京市房屋租赁合同

特别告知

一、本合同为北京市国土资源和房屋管理局与北京市工商行政管理局共同制订的示范文本，供房屋租赁双方当事人约定使用，但不适用于执行政府规定租金标准的公有房屋的租赁关系。签订合同前，双方当事人应仔细阅读合同各项条款，未尽事宜可在第十八条"其他约定事项"或合同附件中予以明确。

二、签订合同前，租赁双方应相互交验有关身份证明及房屋权属证明。

三、接受他人委托代理出租房屋的，应在签订本合同前出示委托人开具的授权委托书或出租代理合同，向承租方明示代理权限。

四、租赁双方应共同查验房屋内的设施、设备，填写《房屋附属设施、设备清单》并签字盖章。

五、合同内的空格部分可由租赁双方根据实际情况约定填写。

六、本合同签订之日起30日内租赁双方应按规定到房屋所在地的区县国土资源和房屋管理局或其委托的机构办理房屋租赁合同登记备案手续。

七、租赁关系由房地产经纪机构居间或代理的，房地产经纪机构和房地产经纪持证人员应在落款内签字、盖章，并注明经纪资格证书编号。

北京市国土资源和房屋管理局
北京市工商行政管理局
二〇〇四年四月

北京市房屋租赁合同

出租方(甲方)：

承租方(乙方)：

依据《中华人民共和国合同法》及有关法律、法规的规定，甲乙双方在平等、自愿的基础上，就房屋租赁的有关事宜达成协议如下：

第一条　房屋基本情况

该房屋坐落于北京市_____区(县)_____。

该房屋为：楼房_____室_____厅_____卫，平房_____间，建筑面积_____平方米，使用面积_____平方米，装修状况_____，其他条件为_____，该房屋(□已/□未)设定抵押。

第二条　房屋权属状况

该房屋权属状况为第_____种：

（一）甲方对该房屋享有所有权的，甲方或其代理人应向乙方出示房屋所有权证，证书编号为：_____。

（二）甲方对该房屋享有转租权的，甲方或其代理人应向乙方出示房屋所有权人允许甲方转租该房屋的书面凭证，该凭证为：_____。

第三条　房屋用途

该房屋用途为：_____。乙方保证，在租赁期内未征得甲方书面同意以及按规定经有关部门审核批准前，不擅自改变该房屋的用途。

第四条　交验身份

（一）甲方应向乙方出示(□身份证/□营业执照)及_____等真实有效的身份证明。

（二）乙方应向甲方出示(□身份证/□营业执照)及_____等真实有效的身份证明。

第五条　房屋改善

（一）甲方应在本合同签订后_____日内对该房屋做如下改善：_____，改善房屋的费用由(□甲方/□乙方)承担。

（二）甲方(□是/□否)允许乙方对该房屋进行装修、装饰或添置新物。装修、装饰或添置新物的范围是：_____，双方也可另行书面约定。

第六条　租赁期限

（一）房屋租赁期自＿＿＿＿年＿＿＿年月＿＿＿日至＿＿＿年＿＿＿月＿＿＿日，共计＿＿＿年＿＿＿个月。（期限超过20年的，超过部分无效。）

（二）租赁期满，甲方有权收回该房屋。乙方有意继续承租的，应提前＿＿＿＿日向甲方提出（□书面/□口头）续租要求，征得同意后甲乙双方重新签订房屋租赁合同。

如乙方继续使用租赁房屋甲方未提出异议的，本合同继续有效，租赁期限为不定期，双方均有权随时解除合同，但应提前＿＿＿＿日（□书面/□口头）通知对方。

第七条 租金

（一）租金标准：＿＿＿＿＿＿＿＿元/（□月/□季/□半年/□年），租金总计：＿＿＿＿＿＿＿＿元（大写：＿＿＿＿＿＿＿＿元）。该房屋租金＿＿＿＿（□年/□月）不变，自第＿＿＿＿（□年/□月）起，双方可协商对租金进行调整。有关调整事宜由双方另行约定。

（二）租金支付时间：＿＿＿＿＿＿，＿＿＿＿＿＿，＿＿＿＿＿＿，＿＿＿＿＿＿，＿＿＿＿＿＿。

（三）租金支付方式：（□甲方直接收取/□甲方代理人直接收取/□甲方代理人为房地产经纪机构的，乙方应在银行开立账户，通过该账户支付租金，房地产经纪机构不得直接向乙方收取租金，但乙方未按期到＿＿＿＿＿＿＿＿银行支付租金的除外。房地产经纪机构应于本合同签订之日起3个工作日内应将其中一份合同送交＿＿＿＿＿＿＿＿银行。）

（四）甲方或其代理人收取租金后，应向乙方开具收款凭证。

第八条 房屋租赁保证金

（一）甲方交付该房屋时，乙方（□是/□否）向甲方支付房屋租赁保证金，具体金额为：元（大写：＿＿＿＿＿＿＿＿元）。

（二）租赁期满或合同解除后，房屋租赁保证金除抵扣应由乙方承担的费用、租金、以及乙方应承担的违约赔偿责任外，剩余部分应如数返还乙方。

第九条 其他费用

租赁期内，与该房屋有关各项费用的承担方式为：

（一）乙方承担（□水费/□电费/□电话费/□电视收视费/□供暖费/□燃气费/□物业管理费/□＿＿＿＿＿＿＿＿）等费用。乙方应保存并向甲方出示相关缴费凭据。

（二）房屋租赁税费以及本合同中未列明的其他费用均由甲方承担。

第十条 房屋的交付及返还

(一)交付:甲方应于_____年___月___日前将房屋按约定条件交付给乙方。《房屋附属设施、设备清单》经双方交验签字盖章并移交房门钥匙及_____后视为交付完成。

(二)返还:租赁期满或合同解除后,乙方应返还该房屋及其附属设施。甲乙双方验收认可后在《房屋附属设施、设备清单》上签字盖章。甲乙双方应结清各自应当承担的费用。

乙方添置的新物可由其自行收回,而对于乙方装饰、装修的部分,具体处理方法为(□乙方恢复原状/□乙方向甲方支付恢复原状所需费用/□乙方放弃收回/□归甲方所有但甲方折价补偿)。

返还后对于该房屋内乙方未经甲方同意遗留的物品,甲方有权自行处置。

第十一条 房屋及附属设施的维护

(一)租赁期内,甲方应保障该房屋及其附属设施处于适用和安全的状态。乙方发现该房屋及其附属设施有损坏或故障时,应及时通知甲方修复。

甲方应在接到乙方通知后的_____日内进行维修。逾期不维修的,乙方可代为维修,费用由甲方承担。因维修房屋影响乙方使用的,应相应减少租金或延长租赁期限。

(二)对于乙方的装修、改善和增设的他物甲方不承担维修的义务。

(三)乙方应合理使用并爱护该房屋及其附属设施。因乙方保管不当或不合理使用,致使该房屋及其附属设施发生损坏或故障的,乙方应负责维修或承担赔偿责任。如乙方拒不维修或拒不承担赔偿责任的,甲方可代为维修或购置新物,费用由乙方承担。

(四)对于该房屋及其附属设施因自然属性或合理使用而导致的损耗,乙方不承担责任。

第十二条 转租

(一)除甲乙双方另有约定以外,乙方需事先征得甲方书面同意,方可在租赁期内将该房屋部分或全部转租给他人。

(二)乙方转租该房屋,应按规定与接受转租方订立书面转租合同,并向房屋租赁管理行政机关办理房屋租赁合同登记备案手续。

(三)接受转租方对该房屋及其附属设施造成损坏的,应由乙方向甲方承担赔偿责任。

第十三条 所有权变动

（一）租赁期内甲方转让该房屋的，甲方应当提前_____日书面通知乙方，乙方在同等条件下享有优先于第三人购买的权利。

（二）租赁期内该房屋所有权发生变动的，本合同在乙方与新所有权人之间具有法律效力。

第十四条　合同的解除

（一）经甲乙双方协商一致，可以解除本合同。

（二）有下列情形之一的，本合同终止，甲乙双方互不承担违约责任：

1. 该房屋因城市建设需要被依法列入房屋拆迁范围的。
2. 因地震、火灾等不可抗力致使房屋毁损、灭失或造成其他损失的。

（三）甲方有下列情形之一的，乙方有权单方解除合同：

1. 未按约定时间交付该房屋达_____日的。
2. 交付的房屋不符合合同约定严重影响乙方使用的。
3. 不承担约定的维修义务致使乙方无法正常使用该房屋的。
4. 交付的房屋危及乙方安全或者健康的。
5. 其他：_____。

（四）乙方有下列情形之一的，甲方有权单方解除合同，收回该房屋：

1. 不支付或者不按照约定支付租金达_____日的。
2. 欠缴各项费用达_____元的。
3. 擅自改变该房屋用途的。
4. 擅自拆改变动或损坏房屋主体结构的。
5. 擅自将该房屋转租给第三人的。
6. 利用该房屋从事违法活动的。
7. 其他：_____。

第十五条　违约责任

（一）甲方有本合同第十四条第三款约定的情形之一的，应按月租金_____%向乙方支付违约金。

（二）因甲方未按约定履行维修义务造成乙方人身、财产损失的，甲方应承担赔偿责任。

（三）租赁期内，甲方需提前收回该房屋的，应提前_____日通知乙方，将已收取的租金余额退还乙方并按月租金的_____%支付违约金。

（四）乙方有本合同第十四条第四款约定的情形之一的，应按月租金的_____%向甲方支付违约金。

（五）乙方擅自对该房屋进行装修、装饰或添置新物的，甲方可以要求乙方恢复原状或者赔偿损失。

（六）租赁期内，乙方需提前退租的，应提前_____日通知甲方，并按月租金的_____％支付违约金。

（七）甲方未按约定时间交付该房屋或者乙方不按约定支付租金但未达到解除合同条件的，以及乙方未按约定时间返还房屋的，应按_____标准支付违约金。

（八）其他：_____。

第十六条　无权代理

由甲方代理人代为签订本合同并办理相关事宜的，甲方代理人和乙方应在甲方开具的授权委托书或出租代理合同的授权范围内确定本合同具体条款，甲方代理人超越代理权或代理权终止后的代理行为，未经甲方书面追认的，对甲方不发生法律效力。

第十七条　合同争议的解决办法

本合同项下发生的争议，由双方当事人协商解决或申请调解解决；协商或调解不成的，依法向_____人民法院起诉，或按照另行达成的仲裁条款或仲裁协议申请仲裁。

第十八条　其他约定事项

（一）_____。
（二）_____。
（三）_____。
……

本合同经甲乙双方签字盖章后生效。本合同（及附件）一式_____份，其中甲方执_____份，乙方执_____份，房屋租赁管理行政机关备案一份，执_____份。

本合同生效后，双方对合同内容的变更或补充应采取书面形式，作为本合同的附件。附件与本合同具有同等的法律效力。

出租方（甲方）签章：　　　　　　承租方（乙方）签章：
住所：　　　　　　　　　　　　　住所：
证照号码：　　　　　　　　　　　证照号码：
法定代表人：　　　　　　　　　　法定代表人：
电话：
委托代理人：
出租方代理人（签章）：　　　　　电话：

住所：

电话：

签约时间：　　　　年　　　月　　　日

签约地点：

租赁关系由房地产经纪机构居间或代理的，房地产经纪机构和持证经纪人员应填写以下内容：

房地产经纪机构（签章）：

房地产经纪持证人员姓名：

经纪资格证书编号：

附件：房屋附属设施、设备清单（注：甲乙双方可直接在本清单填写内容并签字盖章，也可将自行拟定并签字盖章的《房屋附属设施、设备清单》附在本页。）

北京市房屋出租代理合同

特别告知

一、本合同为北京市国土资源和房屋管理局与北京市工商行政管理局共同制订的示范文本，供出租方委托房地产经纪机构（代理方）代理出租房屋使用。签约前当事人应仔细阅读合同各项条款，未尽事宜可在第十五条"其他约定事项"中或在合同附件中予以明确。

二、出租方应当出示下列材料：

（一）房屋权属证明；

（二）身份证明；

（三）共有人同意出租的证明；

（四）将房屋出租给境外人员及外资机构的，还应具备涉外安全审查批准文件。

三、房地产经纪机构（代理方）应当出示下列材料：

（一）营业执照；

（二）房地产经纪机构资质证书；

（三）房地产经纪人员从业资格证明；

（四）交纳租赁代理保证金的有关凭证。

四、双方应共同查验房屋内的设施、设备，填写《房屋附属设施、设备清单》并签字盖章。

五、合同内的空格部分可由双方根据实际情况约定填写。

六、出租方可通过登录"北京房地产交易信息网(http://www.bjfdc.gov.cn)"查询房地产经纪机构租赁代理保证金情况。

北京市房屋出租代理合同

出租方(甲方)：

代理方(乙方)：

依据《中华人民共和国合同法》及有关法律、法规的规定，甲乙双方在平等、自愿的基础上，就房屋出租代理的有关事宜达成协议如下：

第一条　房屋基本情况

该房屋坐落于北京市_____区(县)_____。

该房屋为：楼房____室____厅____卫，平房____间，建筑面积____平方米，使用面积____平方米，装修状况____，其他条件为_____，该房屋(□已/□未)设定抵押。

第二条　房屋权属状况

该房屋权属状况为第_____种：

(一)甲方对该房屋享有所有权的，甲方或其代理人应向乙方出示房屋所有权证，证书编号为：_____。

(二)甲方对该房屋享有转租权的，甲方或其代理人应向乙方出示房屋所有权人允许甲方转租该房屋的书面凭证，该凭证为：_____。

第三条　房屋用途

该房屋用途为：_____。

第四条　代理权限(可多选)

乙方的具体代理权限为：(□以甲方名义代理出租该房屋并办理与承租方之间的洽商、联络、签约事宜，□代甲方向承租方收取租金，□监督承租方按照房屋租赁合同的约定履行其他义务，□。)

第五条　出租代理期限

(一)出租代理期自____年____月____日至____年____月____日，共计____年____个月。出租代理期限的变更由双方书面另行约定。

(二)甲方应于____年____月____日前将该房屋交付给乙方。

第六条　租金

(一)租金标准为____元/(□月/□季/□半年/□年)，租金总计:_____元(大写:_____元)。出租代理期内租金标准调整由双方另行书面约定。

(二)租金收取方式:(□甲方直接向承租方收取/□乙方代为收取)。

双方选择由乙方代为收取租金的,适用以下款项:

1. 甲方将该房屋交付乙方后,无论该房屋实际出租与否,乙方均应按约定的租金标准向甲方交付租金。

2. 如乙方实际出租该房屋的价格高于与甲方约定的租金标准的,则高出部分(□归甲方所有/□归乙方所有/□)。

3. 本合同签订之日起三个工作日内,乙方应将其中一份合同送达租金代收、代付银行即_____银行,由银行为甲方开立账户。

4. 乙方自_____年_____月_____日起开始按(□月/□季/□半年/□年)通过代收、代付银行向甲方支付租金,支付时间分别为:_____、_____、_____、_____、_____、_____、_____、_____。

第七条 佣金

出租代理期内其中_____日作为乙方工作期,具体日期为,工作期内的租金收入作为乙方佣金,按以下方式向乙方支付:(□由代收、代付银行划账/□_____)。

第八条 房屋租赁保证金

甲方交付该房屋时,乙方(□是/□否)向甲方垫付房屋租赁保证金,金额为:_____元(大写:_____元)。出租代理期限届满或合同解除后,房屋租赁保证金除抵扣应由乙方承担的费用、租金以及乙方应承担的违约赔偿责任外,剩余部分应如数返还乙方。

第九条 其他费用

代理期限内,甲方不承担与该房屋有关的以下费用(可多选):

□水费/□电费/□电话费/□电视收视费/□供暖费/□燃气费/□物业管理费/□_____。以上费用乙方可根据实际情况与承租方约定具体支付责任。房屋租赁税费以及本合同中未列明的其他费用均由甲方承担。

第十条 房屋及附属设施的维护

(一)出租代理期内该房屋及其附属设施由维修责任:甲方负责_____;乙方负责_____。

(二)甲方(□是/□否)允许乙方或承租方对该房屋进行装修、装饰或添置新物。允许的,对该房屋进行装修、装饰或添置新物的具体事宜另行书面约定。

第十一条 转委托及告知义务

出租代理期内,未经甲方书面许可,乙方不得将代理事宜全部或部分转委托给他人。

乙方将房屋出租后,应将承租方及房屋租赁的有关情况如实告知甲方。

第十二条 合同的解除

(一)经甲乙双方协商一致,可以终止合同。

(二)有下列情形之一的,本合同终止,甲乙双方互不承担违约责任:

1. 该房屋因城市建设需要被依法列入房屋拆迁、危改范围的。
2. 因地震、火灾等不可抗力致使房屋毁损、灭失或造成其他损失的。

(三)甲方有下列情形之一的,乙方有权单方解除合同:

1. 迟延交付该房屋达_____日未征得乙方同意的;
2. 交付的房屋不符合合同约定严重影响使用的;
3. 不承担约定的维修义务致使乙方无法正常代理出租该房屋的;
4. _____;
5. _____。

(四)乙方有下列情形之一的,甲方有权单方解除合同:

1. 未按约定支付租金达_____日以上的;
2. 擅自改变房屋用途的;
3. _____;
4. _____;
5. _____。

第十三条 违约责任

(一)出租代理期内甲方需提前终止合同的,应提前_____日通知乙方,并按月租金的_____%支付违约金。

(二)出租代理期内乙方需提前终止合同的,应提前_____日通知甲方,并按月租金的_____%支付违约金。

(三)甲方有第十二条第三款情形之一的,应按月租金的_____%向乙方支付违约金。

(四)乙方有第十二条第四款情形之一的,应按月租金的_____%向甲方支付违约金。

(五)_____;

(六)_____。

第十四条 合同争议的解决办法

本合同项下发生的争议,由双方当事人协商解决或申请调解解决;协商或调解不成的,依法向_____人民法院起诉,或按照另行达成的仲裁条款或仲裁协议申请仲裁。

第十五条 其他约定事项

(一)_____。

(二)_____。

(三)_____。

……

第十六条 合同生效

本合同经甲乙双方签字盖章后生效。本合同(及附件)一式____份,其中甲方执____份,乙方执____份,由乙方送达银行____份。

合同生效后,甲乙双方对合同内容的变更或补充应采取书面形式,作为本合同的附件。附件与本合同具有同等的法律效力。

出租方(甲方)签章: 代理方(乙方)签章:
住所: 住所:
证件号码: 房地产经纪机构资质证书编号:
委托代理人: 房地产经纪持证人员姓名:
证件号码: 经纪资格证书编号:
电话: 电话:
签约时间: 年   月   日
签约地点:

附件:房屋附属设施、设备清单(注:甲乙双方可直接在本清单填写内容并签字盖章,也可将自行拟定并签字盖章的《房屋附属设施、设备清单》附在本页。)

附录二 房地产中介相关法律法规

房地产估价机构管理办法

(建设部令第 142 号 2005 年 12 月 1 日起施行)

第一章 总 则

第一条 为了规范房地产估价机构行为,维护房地产估价市场秩序,保障房地产估价活动当事人合法权益，根据《中华人民共和国城市房地产管理法》、《中华人民共和国行政许可法》和《国务院对确需保留的行政审批项目设定行政许可的决定》等法律、行政法规，制定本办法。

第二条 在中华人民共和国境内申请房地产估价机构资质，从事房地产估价活动，对房地产估价机构实施监督管理，适用本办法。

第三条 本办法所称房地产估价机构，是指依法设立并取得房地产估价机构资质，从事房地产估价活动的中介服务机构。

本办法所称房地产估价活动，包括土地、建筑物、构筑物、在建工程、以房地产为主的企业整体资产、企业整体资产中的房地产等各类房地产评估，以及因转让、抵押、城镇房屋拆迁、司法鉴定、课税、公司上市、企业改制、企业清算、资产重组、资产处置等需要进行的房地产评估。

第四条 房地产估价机构从事房地产估价活动，应当坚持独立、客观、公正的原则，执行房地产估价规范和标准。

房地产估价机构依法从事房地产估价活动，不受行政区域、行业限制。任何组织或者个人不得非法干预房地产估价活动和估价结果。

第五条 国务院建设行政主管部门负责全国房地产估价机构的监督管理工作。

省、自治区人民政府建设行政主管部门、直辖市人民政府房地产行政主管部门负责本行政区域内房地产估价机构的监督管理工作。

市、县人民政府房地产行政主管部门负责本行政区域内房地产估价机构的监督管理工作。

第六条 房地产估价行业组织应当加强房地产估价行业自律管理。

鼓励房地产估价机构加入房地产估价行业组织。

第二章　估价机构资质核准

第七条 房地产估价机构资质等级分为一、二、三级。

国务院建设行政主管部门负责一级房地产估价机构资质许可。

省、自治区人民政府建设行政主管部门、直辖市人民政府房地产行政主管部门负责二、三级房地产估价机构资质许可，并接受国务院建设行政主管部门的指导和监督。

第八条 房地产估价机构应当由自然人出资，以有限责任公司或者合伙企业形式设立。

第九条 各资质等级房地产估价机构的条件如下：

（一）一级资质

1. 机构名称有房地产估价或者房地产评估字样;

2. 从事房地产估价活动连续6年以上,且取得二级房地产估价机构资质3年以上;

3. 有限责任公司的注册资本人民币200万元以上,合伙企业的出资额人民币120万元以上;

4. 有15名以上专职注册房地产估价师;

5. 在申请核定资质等级之日前3年平均每年完成估价标的物建筑面积50万平方米以上或者土地面积25万平方米以上;

6. 法定代表人或者执行合伙人是注册后从事房地产估价工作3年以上的专职注册房地产估价师;

7. 有限责任公司的股东中有3名以上、合伙企业的合伙人中有2名以上专职注册房地产估价师,股东或者合伙人中有一半以上是注册后从事房地产估价工作3年以上的专职注册房地产估价师;

8. 有限责任公司的股份或者合伙企业的出资额中专职注册房地产估价师的股份或者出资额合计不低于60%;

9. 有固定的经营服务场所;

10. 估价质量管理、估价档案管理、财务管理等各项企业内部管理制度健全;

11. 随机抽查的1份房地产估价报告符合《房地产估价规范》的要求;

12. 在申请核定资质等级之日前3年内无本办法第三十二条禁止的行为。

(二)二级资质

1. 机构名称有房地产估价或者房地产评估字样;

2. 取得三级房地产估价机构资质后从事房地产估价活动连续4年以上;

3. 有限责任公司的注册资本人民币100万元以上,合伙企业的出资额人民币60万元以上;

4. 有8名以上专职注册房地产估价师;

5. 在申请核定资质等级之日前3年平均每年完成估价标的物建筑面积30万平方米以上或者土地面积15万平方米以上;

6. 法定代表人或者执行合伙人是注册后从事房地产估价工作3年以上的专职注册房地产估价师;

7. 有限责任公司的股东中有3名以上、合伙企业的合伙人中有2名以上专职注册房地产估价师，股东或者合伙人中有一半以上是注册后从事房地产估价工作3年以上的专职注册房地产估价师；

8. 有限责任公司的股份或者合伙企业的出资额中专职注册房地产估价师的股份或者出资额合计不低于60%；

9. 有固定的经营服务场所；

10. 估价质量管理、估价档案管理、财务管理等各项企业内部管理制度健全；

11. 随机抽查的1份房地产估价报告符合《房地产估价规范》的要求；

12. 在申请核定资质等级之日前3年内无本办法第三十二条禁止的行为。

（三）三级资质

1. 机构名称有房地产估价或者房地产评估字样；

2. 有限责任公司的注册资本人民币50万元以上，合伙企业的出资额人民币30万元以上；

3. 有3名以上专职注册房地产估价师；

4. 在暂定期内完成估价标的物建筑面积8万平方米以上或者土地面积3万平方米以上；

5. 法定代表人或者执行合伙人是注册后从事房地产估价工作3年以上的专职注册房地产估价师；

6. 有限责任公司的股东中有2名以上、合伙企业的合伙人中有2名以上专职注册房地产估价师，股东或者合伙人中有一半以上是注册后从事房地产估价工作3年以上的专职注册房地产估价师；

7. 有限责任公司的股份或者合伙企业的出资额中专职注册房地产估价师的股份或者出资额合计不低于60%；

8. 有固定的经营服务场所；

9. 估价质量管理、估价档案管理、财务管理等各项企业内部管理制度健全；

10. 随机抽查的1份房地产估价报告符合《房地产估价规范》的要求；

11. 在申请核定资质等级之日前3年内无本办法第三十二条禁止的行为。

第十条 申请核定房地产估价机构资质等级，应当如实向资质许可机关提交下列材料：

（一）房地产估价机构资质等级申请表（一式二份，加盖申报机构公章）；

（二）房地产估价机构原资质证书正本复印件、副本原件；

（三）营业执照正、副本复印件（加盖申报机构公章）；

（四）出资证明复印件（加盖申报机构公章）；

（五）法定代表人或者执行合伙人的任职文件复印件（加盖申报机构公章）；

（六）专职注册房地产估价师证明；

（七）固定经营服务场所的证明；

（八）经工商行政管理部门备案的公司章程或者合伙协议复印件（加盖申报机构公章）及有关估价质量管理、估价档案管理、财务管理等企业内部管理制度的文件、申报机构信用档案信息；

（九）随机抽查的在申请核定资质等级之日前3年内申报机构所完成的1份房地产估价报告复印件（一式二份，加盖申报机构公章）。

申请人应当对其提交的申请材料实质内容的真实性负责。

第十一条 新设立的中介服务机构申请房地产估价机构资质的，应当提供第十条第（一）项、第（三）项至第（八）项材料。

新设立中介服务机构的房地产估价机构资质等级应当核定为三级资质，设1年的暂定期。

第十二条 申请核定一级房地产估价机构资质的，应当向省、自治区人民政府建设行政主管部门、直辖市人民政府房地产行政主管部门提出申请，并提交本办法第十条规定的材料。

省、自治区人民政府建设行政主管部门、直辖市人民政府房地产行政主管部门应当自受理申请之日起20日内审查完毕，并将初审意见和全部申请材料报国务院建设行政主管部门。

国务院建设行政主管部门应当自受理申请材料之日起20日内作出决定。

第十三条 二、三级房地产估价机构资质由设区的市人民政府房地产行政主管部门初审，具体许可程序及办理期限由省、自治区人民政府建设行政主管部门、直辖市人民政府房地产行政主管部门依法确定。

省、自治区人民政府建设行政主管部门、直辖市人民政府房地产行政主管部门应当在作出资质许可决定之日起10日内，将准予资质许可的决定报国务院建设行政主管部门备案。

第十四条 房地产估价机构资质证书分为正本和副本，由国务院建设行政主管部门统一印制，正、副本具有同等法律效力。

房地产估价机构遗失资质证书的，应当在公众媒体上声明作废后，申请补办。

第十五条 房地产估价机构资质有效期为3年。

资质有效期届满，房地产估价机构需要继续从事房地产估价活动的，应当在资质有效期届满30日前向资质许可机关提出资质延续申请。资质许可机关应当根据申请作出是否准予延续的决定。准予延续的，有效期延续3年。

在资质有效期内遵守有关房地产估价的法律、法规、规章、技术标准和职业道德的房地产估价机构，经原资质许可机关同意，不再审查，有效期延续3年。

第十六条 房地产估价机构的名称、法定代表人或者执行合伙人、注册资本或者出资额、组织形式、住所等事项发生变更的，应当在工商行政管理部门办理变更手续后30日内，到资质许可机关办理资质证书变更手续。

第十七条 房地产估价机构合并的，合并后存续或者新设立的房地产估价机构可以承继合并前各方中较高的资质等级，但应当符合相应的资质等级条件。

房地产估价机构分立的，只能由分立后的一方房地产估价机构承继原房地产估价机构资质，但应当符合原房地产估价机构资质等级条件。承继原房地产估价机构资质的一方由各方协商确定；其他各方按照新设立的中介服务机构申请房地产估价机构资质。

第十八条 房地产估价机构的工商登记注销后，其资质证书失效。

第三章 分支机构的设立

第十九条 一级资质房地产估价机构可以按照本办法第二十条的规定设立分支机构。二、三级资质房地产估价机构不得设立分支机构。

分支机构应当以设立该分支机构的房地产估价机构的名义出具估价报告，并加盖该房地产估价机构公章。

第二十条 分支机构应当具备下列条件：

（一）名称采用"房地产估价机构名称＋分支机构所在地行政区划名＋分公司(分所)"的形式；

（二）分支机构负责人应当是注册后从事房地产估价工作3年以上并无不良执业记录的专职注册房地产估价师；

（三）在分支机构所在地有 3 名以上专职注册房地产估价师；

（四）有固定的经营服务场所；

（五）估价质量管理、估价档案管理、财务管理等各项内部管理制度健全。

注册于分支机构的专职注册房地产估价师，不计入设立分支机构的房地产估价机构的专职注册房地产估价师人数。

第二十一条 新设立的分支机构，应当自领取分支机构营业执照之日起 30 日内，到分支机构工商注册所在地的省、自治区人民政府建设行政主管部门、直辖市人民政府房地产行政主管部门备案。

省、自治区人民政府建设行政主管部门、直辖市人民政府房地产行政主管部门应当在接受备案后 10 日内，告知分支机构工商注册所在地的市、县人民政府房地产行政主管部门，并报国务院建设行政主管部门备案。

第二十二条 分支机构备案，应当提交下列材料：

（一）分支机构的营业执照复印件；

（二）房地产估价机构资质证书正本复印件；

（三）分支机构及设立该分支机构的房地产估价机构负责人的身份证明；

（四）拟在分支机构执业的专职注册房地产估价师注册证书复印件。

第二十三条 分支机构变更名称、负责人、住所等事项或房地产估价机构撤销分支机构，应当在工商行政管理部门办理变更或者注销登记手续后 30 日内，报原备案机关备案。

第四章 估 价 管 理

第二十四条 从事房地产估价活动的机构，应当依法取得房地产估价机构资质，并在其资质等级许可范围内从事估价业务。

一级资质房地产估价机构可以从事各类房地产估价业务。

二级资质房地产估价机构可以从事除公司上市、企业清算以外的房地产估价业务。

三级资质房地产估价机构可以从事除公司上市、企业清算、司法鉴定以外的房地产估价业务。

暂定期内的三级资质房地产估价机构可以从事除公司上市、企业清算、司法鉴定、城镇房屋拆迁、在建工程抵押以外的房地产估价业务。

第二十五条 房地产估价业务应当由房地产估价机构统一接受委托，统一收取费用。

房地产估价师不得以个人名义承揽估价业务，分支机构应当以设立该分支机构的房地产估价机构名义承揽估价业务。

第二十六条 房地产估价机构及执行房地产估价业务的估价人员与委托人或者估价业务相对人有利害关系的，应当回避。

第二十七条 房地产估价机构承揽房地产估价业务，应当与委托人签订书面估价委托合同。

估价委托合同应当包括下列内容：

（一）委托人的名称或者姓名和住所；

（二）估价机构的名称和住所；

（三）估价对象；

（四）估价目的；

（五）估价时点；

（六）委托人的协助义务；

（七）估价服务费及其支付方式；

（八）估价报告交付的日期和方式；

（九）违约责任；

（十）解决争议的方法。

第二十八条 房地产估价机构未经委托人书面同意，不得转让受托的估价业务。

经委托人书面同意，房地产估价机构可以与其他房地产估价机构合作完成估价业务，以合作双方的名义共同出具估价报告。

第二十九条 委托人及相关当事人应当协助房地产估价机构进行实地查勘，如实向房地产估价机构提供估价所必需的资料，并对其所提供资料的真实性负责。

第三十条 房地产估价机构和注册房地产估价师因估价需要向房地产行政主管部门查询房地产交易、登记信息时，房地产行政主管部门应当提供查询服务，但涉及国家秘密、商业秘密和个人隐私的内容除外。

第三十一条 房地产估价报告应当由房地产估价机构出具，加盖房地产估价机构公章，并有至少 2 名专职注册房地产估价师签字。

第三十二条 房地产估价机构不得有下列行为：

（一）涂改、倒卖、出租、出借或者以其他形式非法转让资质证书；

（二）超越资质等级业务范围承接房地产估价业务；

（三）以迎合高估或者低估要求、给予回扣、恶意压低收费等方式进行不正当竞争；

（四）违反房地产估价规范和标准；

（五）出具有虚假记载、误导性陈述或者重大遗漏的估价报告；

（六）擅自设立分支机构；

（七）未经委托人书面同意，擅自转让受托的估价业务；

（八）法律、法规禁止的其他行为。

第三十三条　房地产估价机构应当妥善保管房地产估价报告及相关资料。

房地产估价报告及相关资料的保管期限自估价报告出具之日起不得少于10年。保管期限届满而估价服务的行为尚未结束的，应当保管到估价服务的行为结束为止。

第三十四条　除法律、法规另有规定外，未经委托人书面同意，房地产估价机构不得对外提供估价过程中获知的当事人的商业秘密和业务资料。

第三十五条　房地产估价机构应当加强对执业人员的职业道德教育和业务培训，为本机构的房地产估价师参加继续教育提供必要的条件。

第三十六条　县级以上人民政府房地产行政主管部门应当依照有关法律、法规和本办法的规定，对房地产估价机构和分支机构的设立、估价业务及执行房地产估价规范和标准的情况实施监督检查。

第三十七条　县级以上人民政府房地产行政主管部门履行监督检查职责时，有权采取下列措施：

（一）要求被检查单位提供房地产估价机构资质证书、房地产估价师注册证书，有关房地产估价业务的文档，有关估价质量管理、估价档案管理、财务管理等企业内部管理制度的文件；

（二）进入被检查单位进行检查，查阅房地产估价报告以及估价委托合同、实地查勘记录等估价相关资料；

（三）纠正违反有关法律、法规和本办法及房地产估价规范和标准的行为。

县级以上人民政府房地产行政主管部门应当将监督检查的处理结果向社会公布。

第三十八条　县级以上人民政府房地产行政主管部门进行监督检查时，应当有两名以上监督检查人员参加，并出示执法证件，不得妨碍被检查单位的正常经营活动，不得索取或者收受财物、谋取其他利益。

有关单位和个人对依法进行的监督检查应当协助与配合，不得拒绝或者阻挠。

第三十九条 房地产估价机构违法从事房地产估价活动的，违法行为发生地的县级以上地方人民政府房地产行政主管部门应当依法查处，并将违法事实、处理结果及处理建议及时报告该估价机构资质的许可机关。

第四十条 有下列情形之一的，资质许可机关或者其上级机关，根据利害关系人的请求或者依据职权，可以撤销房地产估价机构资质：

（一）资质许可机关工作人员滥用职权、玩忽职守作出准予房地产估价机构资质许可的；

（二）超越法定职权作出准予房地产估价机构资质许可的；

（三）违反法定程序作出准予房地产估价机构资质许可的；

（四）对不符合许可条件的申请人作出准予房地产估价机构资质许可的；

（五）依法可以撤销房地产估价机构资质的其他情形。

房地产估价机构以欺骗、贿赂等不正当手段取得房地产估价机构资质的，应当予以撤销。

第四十一条 房地产估价机构取得房地产估价机构资质后，不再符合相应资质条件的，资质许可机关根据利害关系人的请求或者依据职权，可以责令其限期改正；逾期不改的，可以撤回其资质。

第四十二条 有下列情形之一的，资质许可机关应当依法注销房地产估价机构资质：

（一）房地产估价机构资质有效期届满未延续的；

（二）房地产估价机构依法终止的；

（三）房地产估价机构资质被撤销、撤回，或者房地产估价资质证书依法被吊销的；

（四）法律、法规规定的应当注销房地产估价机构资质的其他情形。

第四十三条 资质许可机关或者房地产估价行业组织应当建立房地产估价机构信用档案。

房地产估价机构应当按照要求提供真实、准确、完整的房地产估价信用档案信息。

房地产估价机构信用档案应当包括房地产估价机构的基本情况、业绩、良好行为、不良行为等内容。违法行为、被投诉举报处理、行政处罚等情况应当作为房地产估价机构的不良记录记入其信用档案。

房地产估价机构的不良行为应当作为该机构法定代表人或者执行合伙

人的不良行为记入其信用档案。

任何单位和个人有权查阅信用档案。

第五章 法律责任

第四十四条 申请人隐瞒有关情况或者提供虚假材料申请房地产估价机构资质的,资质许可机关不予受理或者不予行政许可,并给予警告,申请人在1年内不得再次申请房地产估价机构资质。

第四十五条 以欺骗、贿赂等不正当手段取得房地产估价机构资质的,由资质许可机关给予警告,并处1万元以上3万元以下的罚款,申请人3年内不得再次申请房地产估价机构资质。

第四十六条 未取得房地产估价机构资质从事房地产估价活动或者超越资质等级承揽估价业务的,出具的估价报告无效,由县级以上人民政府房地产行政主管部门给予警告,责令限期改正,并处1万元以上3万元以下的罚款;造成当事人损失的,依法承担赔偿责任。

第四十七条 违反本办法第十六条规定,房地产估价机构不及时办理资质证书变更手续的,由资质许可机关责令限期办理,逾期不办理的,可处1万元以下的罚款。

第四十八条 有下列行为之一的,由县级以上人民政府房地产行政主管部门给予警告,责令限期改正,并可处1万元以上2万元以下的罚款:

(一)违反本办法第十九条第一款规定设立分支机构的;

(二)违反本办法第二十条规定设立分支机构的;

(三)违反本办法第二十一条第一款规定,新设立的分支机构不备案的。

第四十九条 有下列行为之一的,由县级以上人民政府房地产行政主管部门给予警告,责令限期改正;逾期未改正的,可处5千元以上2万元以下的罚款;给当事人造成损失的,依法承担赔偿责任:

(一)违反本办法第二十五条规定承揽业务的;

(二)违反本办法第二十八条第一款规定,擅自转让受托的估价业务的;

(三)违反本办法第十九条第二款、第二十八条第二款、第三十一条规定出具估价报告的。

第五十条 违反本办法第二十六条规定,房地产估价机构及其估价人员应当回避未回避的,由县级以上人民政府房地产行政主管部门给予警告,责令限期改正,并可处1万元以下的罚款;给当事人造成损失的,依法承担赔偿责任。

第五十一条 违反本办法第三十条规定,房地产行政主管部门拒绝提供房地产交易、登记信息查询服务的,由其上级房地产行政主管部门责令改正。

第五十二条 房地产估价机构有本办法第三十二条行为之一的,由县级以上人民政府房地产行政主管部门给予警告,责令限期改正,并处1万元以上3万元以下的罚款;给当事人造成损失的,依法承担赔偿责任;构成犯罪的,依法追究刑事责任。

第五十三条 违反本办法第三十四条规定,房地产估价机构擅自对外提供估价过程中获知的当事人的商业秘密和业务资料,给当事人造成损失的,依法承担赔偿责任;构成犯罪的,依法追究刑事责任。

第五十四条 资质许可机关有下列情形之一的,由其上级行政主管部门或者监察机关责令改正,对直接负责的主管人员和其他直接责任人员依法给予处分;构成犯罪的,依法追究刑事责任:

(一)对不符合法定条件的申请人准予房地产估价机构资质许可或者超越职权作出准予房地产估价机构资质许可决定的;

(二)对符合法定条件的申请人不予房地产估价机构资质许可或者不在法定期限内作出准予房地产估价机构资质许可决定的;

(三)利用职务上的便利,收受他人财物或者其他利益的;

(四)不履行监督管理职责,或者发现违法行为不予查处的。

第六章 附 则

第五十五条 本办法自2005年12月1日起施行。1997年1月9日建设部颁布的《关于房地产价格评估机构资格等级管理的若干规定》(建房[1997]12号)同时废止。

本办法施行前建设部发布的规章与本办法的规定不一致的,以本办法为准。

城市房地产中介服务管理规定

(1996年1月8日建设部令第50号发布,2001年8月15日根据《建设部关于修改〈城市房地产中介服务管理规定〉的决定》修正)

第一章 总 则

第一条 为了加强房地产中介服务管理,维护房地产市场秩序,保障房地产活动当事人的合法权益,根据《中华人民共和国城市房地产管理法》,制定本规定。

第二条 凡从事城市房地产中介服务的,应遵守本规定。

本规定所称房地产中介服务,是指房地产咨询、房地产价格评估、房地产经纪等活动的总称。

本规定所称房地产咨询,是指为房地产活动当事人提供法律法规、政策、信息、技术等方面服务的经营活动。

本规定所称房地产价格评估,是指对房地产进行测算,评定其经济价值和价格的经营活动。

本规定所称房地产经纪,是指为委托人提供房地产信息和居间代理业务的经营活动。

第三条 国务院建设行政主管部门归口管理全国房地产中介服务工作。

省、自治区建设行政主管部门归口管理本行政区域内的房地产中介服务工作。

直辖市、市、县人民政府房地产行政主管部门(以下简称房地产管理部门)管理本行政区域内的房地产中介服务工作。

第二章 中介服务人员资格管理

第四条 从事房地产咨询业务的人员,必须是具有房地产及相关专业中等以上学历,有与房地产咨询业务相关的初级以上专业技术职称并取得考试合格证书的专业技术人员。

房地产咨询人员的考试办法,由省、自治区人民政府建设行政主管部门和直辖市房地产管理部门制订。

第五条 国家实行房地产价格评估人员资格认证制度。

房地产价格评估人员分为房地产估价师和房地产估价员。

第六条 房地估价师必须是经国家统一考试、执业资格认证,取得《房地产估价师执业资格证书》,并经注册登记取得《房地产估价师注册证》的人员。未取得《房地产估价师注册证》的人员,不得以房地产估价师的名义从事房地产估价业务。

房地产估价师的考试办法,由国务院建设行政主管部门和人事主管部门共同制定。

第七条 房地产估价员必须是经过考试并取得《房地产估价员岗位合格证》的人员。未取得《房地产估价员岗位合格证》的人员,不得从事房地产估价业务。

房地产估价员的考试办法,由省、自治区人民政府建设行政主管部门和直辖市房地产管理部门制订。

第八条 房地产经纪人必须是经过考试、注册并取得《房地产经纪人资格证》的人员。未取得《房地产经纪人资格证》的人员，不得从事房地产经纪业务。

房地产经纪人的考试和注册办法另行制定。

第九条 严禁伪造、涂改、转让《房地产估价师执业资格证书》、《房地产估价师注册证》、《房地产估价员岗位合格证》、《房地产经纪人资格证》。

遗失《房地产估价师执业资格证书》、《房地产估价师注册证》、《房地产估价员岗位合格证》、《房地产经纪人资格证》的，应当向原发证机关申请补发。

第三章 中介服务机构管理

第十条 从事房地产中介业务，应当设立相应的房地产中介服务机构。房地产中介服务机构应是具有独立法人资格的经济组织。

第十一条 设立房地产中介服务机构应具备下列条件：

（一）有自己的名称、组织机构；

（二）有固定的服务场所；

（三）有规定数量的财产和经费；

（四）从事房地产咨询业务的，具有房地产及相关专业中等以上学历、初级以上专业技术职称人员须占总人数的50%以上；从事房地产评估业务的，须有规定数量的房地产估价师；从事房地产经纪业务的，须有规定数量的房地产经纪人。

跨省、自治区、直辖市从事房地产估价业务的机构，应到该业务发生地省、自治区人民政府建设行政主管部门或者直辖市人民政府房地产行政主管部门备案。

第十二条 设立房地产中介服务机构，应当向当地的工商行政管理部门申请设立登记。房地产中介服务机构在领取营业执照后的一个月内，应当到登记机关所在地的县级以上人民政府房地产管理部门备案。

第十三条 房地产管理部门应当每年对房地产中介服务机构的专业人员条件进行一次检查，并于每年年初公布检查合格的房地产中介服务机构名单。检查不合格的，不得从事房地产中介业务。

第十四条 房地产中介服务机构必须履行下列义务：

（一）遵守有关的法律、法规和政策；

（二）遵守自愿、公平、诚实信用的原则；
（三）按照核准的业务范围从事经营活动；
（四）按规定标准收取费用；
（五）依法交纳税费；
（六）接受行业主管部门及其他有关部门的指导、监督和检查。

第四章　中介业务管理

第十五条　房地产中介服务人员承办业务，由其所在中介机构统一受理并与委托人签订书面中介服务合同。

第十六条　经委托人同意，房地产中介服务机构可以将委托的房地产中介业务转让委托给具有相应资格的中介服务机构代理，但不得增加佣金。

第十七条　房地产中介服务合同应当包括下列主要内容：
（一）当事人姓名或者名称、住所；
（二）中介服务项目的名称、内容、要求和标准；
（三）合同履行期限；
（四）收费金额和支付方式、时间；
（五）违约责任和纠纷解决方式；
（六）当事人约定的其他内容。

第十八条　房地产中介服务费用由房地产中介服务机构统一收取，房地产中介服务机构收取费用应当开具发票，依法纳税。

第十九条　房地产中介服务机构开展业务应当建立业务记录，设立业务台账。业务记录和业务台账应当载明业务活动中的收入、支出等费用，以及省、自治区建设行政主管部门和直辖市房地产管理部门要求的其他内容。

第二十条　房地产中介服务人员执行业务，可以根据需要查阅委托人的有关资料和文件，查看现场。委托人应当协助。

第二十一条　房地产中介服务人员在房地产中介活动中不得有下列行为：
（一）索取、收受委托合同以外的酬金或其他财物，或者利用工作之便，牟取其他不正当的利益；
（二）允许他人以自己的名义从事房地产中介业务；
（三）同时在两个或两个以上中介服务机构执行业务；
（四）与一方当事人串通损害另一方当事人利益；
（五）法律、法规禁止的其他行为。

第二十二条 房地产中介服务人员与委托人有利害关系的,应当回避。委托人有权要求其回避。

第二十三条 因房地产中介服务人员过失,给当事人造成经济损失的,由所在中介服务机构承担赔偿责任。所在中介服务机构可以对有关人员追偿。

第五章 罚 则

第二十四条 违反本规定,有下列行为之一的,由直辖市、市、县人民政府房地产管理部门会同有关部门对责任者给予处罚:

(一)未取得房地产中介资格擅自从事房地产中介业务的,责令停止房地产中介业务,并可处以1万元以上3万元以下的罚款;

(二)违反本规定第九条第一款规定的,收回资格证书或者公告资格证书作废,并可处以1万元以下的罚款;

(三)违反本规定第二十一条规定的,收回资格证书或者公告资格证书作废,并可处以1万元以上3万元以下的罚款;

(四)超过营业范围从事房地产中介活动的,处以1万元以上3万元以下的罚款。

第二十五条 因委托人的原因,给房地产中介服务机构或人员造成经济损失的,委托人应当承担赔偿责任。

第二十六条 房地产中介服务人员违反本规定,构成犯罪的,依法追究刑事责任。

第二十七条 房地产管理部门工作人员在房地产中介服务管理中以权谋私、贪污受贿的,依法给予行政处分;构成犯罪的,依法追究刑事责任。

第六章 附 则

第二十八条 省、自治区建设行政主管部门、直辖市房地产行政主管部门可以根据本规定制定实施细则。

第二十九条 本规定由国务院建设行政主管部门负责解释。

中介服务收费管理办法

(国家计委等六部门1999年12月22日 计价格〔1999〕2255号)

第一条 为适应建立和完善社会主义市场经济体制的要求,规范中介机构收费行为,维护中介机构和委托人的合法权益,促进中介服务业的健康发展,根据《中华人民共和国价格法》,制定本办法。

第二条 本办法适用于中华人民共和国境内独立执业、依法纳税、承担相应法律责任的中介机构提供中介服务的收费行为。

根据法律、法规规定代行政府职能强制实施具有垄断性质的仲裁、认证、检验、鉴定收费，不适用本办法。

第三条 本办法所称的中介机构是指依法通过专业知识和技术服务，向委托人提供公证性、代理性、信息技术服务性等中介服务的机构。

（一）公证性中介机构具体指提供土地、房产、物品、无形资产等价格评估和企业资信评估服务，以及提供仲裁、检验、鉴定、认证、公证服务等机构；

（二）代理性中介机构具体指提供律师、会计、收养服务，以及提供专利、商标、企业注册、税务、报关、签证代理服务等机构；

（三）信息技术服务性中介机构具体指提供咨询、招标、拍卖、职业介绍、婚姻介绍、广告设计服务等机构。

第四条 中介机构实施收费必须具备下列条件：

（一）经政府有关部门批准，办理注册登记，取得法人资格证书；

（二）在有关法律、法规和政府规章中规定，须经政府有关部门或行业协会实施执业资格认证，取得相关市场准入资格的，按规定办理；

（三）依法进行税务登记，取得税务登记证书；

（四）未进行企业注册登记的非企业法人需向价格主管部门申领《收费许可证》。

第五条 中介机构提供服务并实施收费应遵循公开、公正、诚实信用的原则和公平竞争、自愿有偿、委托人付费的原则，严格按照业务规程提供质量合格的服务。

按照法律、法规和政府规章规定实施的中介服务，任何部门、单位和个人都不得以任何方式指定中介机构为有关当事人服务

第六条 中介服务收费实行在国家价格政策调控、引导下，主要由市场形成价格的制度。

（一）对咨询、拍卖、职业介绍、婚姻介绍、广告设计收费等具备市场充分竞争条件的中介服务收费实行市场调节价；

（二）对评估、代理、认证、招标服务收费等市场竞争不充分或服务双方达不到平等、公开服务条件的中介服务收费实行政府指导价；

（三）对检验、鉴定、公证、仲裁收费等少数具有行业和技术垄断的中介服务收费实行政府定价。

法律、法规另有规定的，从其规定。

第七条 国务院价格主管部门负责研究制定中介服务收费管理的方针政策、收费标准核定的原则,以及制定和调整重要的政府定价或政府指导价的中介服务收费标准。

国务院其他有关业务主管部门或全国性行业协会等社会团体应根据各自职责,协助国务院价格主管部门做好中介服务收费监督和管理工作。

第八条 省、自治区、直辖市人民政府价格主管部门负责国家有关中介服务收费管理的方针政策的贯彻落实,制定分工管理的政府定价或政府指导价的中介服务收费标准。

省级以下其他有关业务部门或同级行业协会等社会团体应根据各自职责,协助本级价格主管部门做好中介服务收费管理工作。

第九条 实行政府定价、政府指导价的分工权限和适用范围,按中央和省级价格主管部门颁布的定价管理目录执行。定价目录以外的中介服务项目,实行市场调节价。

第十条 对实行市场调节价的中介服务收费,政府价格主管部门应进行价格政策指导,帮助中介机构做好价格管理工作。

第十一条 制定中介服务收费标准应以中介机构服务人员的平均工时成本费用为基础,加法定税金和合理利润,并考虑市场供求情况制定。

法律、法规和政府规章指定承担特定中介服务的机构,其收费标准应按照补偿成本、促进发展的非营利的原则制定。

中介服务收费标准应体现中介机构的资质等级、社会信誉,以及服务的复杂程度,保持合理的差价。

第十二条 实行市场调节价的中介服务收费标准,由中介机构自主确定。实施服务收费时,中介机构可依据已确定的标准,与委托人商定具体收费标准。

第十三条 价格主管部门制定或调整政府定价、政府指导价的中介服务收费标准,应认真测算、严格核定服务的成本费用,充分听取社会各方面的意见,并及时向社会公布。

第十四条 应委托人的要求,中介机构实施收费应与委托人签订委托协议书。委托协议书应包括委托的事项、签约双方的义务和责任、收费的方式、收费金额和付款时间等内容。

第十五条 中介机构向委托人收取中介服务费,可在确定委托关系后预收全部或部分费用,也可与委托人协商约定在提供服务期间分期收取在完成委托事项后一次性收取。

第十六条 中介机构应在收费场所显著的位置公布服务程序或业务规程、服务项目和收费标准等，实行明码标价，自觉接受委托人及社会各方面的监督，不得对委托人进行价格欺诈和价格歧视。

第十七条 中介机构的行业协会等社会团体以及中介机构之间不得以任何理由相互串通，垄断或操纵服务市场，损害委托人的利益。

第十八条 中介机构要严格执行国家有关收费管理的法规和政策，不得违反规定设立收费项目、扩大收费范围、提高收费标准。

第十九条 中介机构不得以排挤竞争对手或者独占市场为目的，低于本单位服务成本收费，搞不正当竞争。

第二十条 委托人可自主选择中介机构提供服务，中介机构不得强制或变相强制当事人接受服务并收费。

第二十一条 因中介机构过错或其无正当理由要求终止委托关系的，或因委托人过错或其无正当理由要求终止委托关系的，有关费用的退补和赔偿事宜依据《合同法》办理。

第二十二条 中介机构与委托人之间发生的收费纠纷，由所在地业务主管部门或行业协会协调处理，委托人对业务主管部门或行业协会的处理有异议的，可申请所在地价格主管部门协调处理，当事双方或其中一方对行政机关或行业协会协调处理仍有异议的，可协议申请仲裁或依法向人民法院起诉。

第二十三条 中介机构违反本办法规定，有下列行为之一的，由价格主管部门依据《价格法》和《价格违法行为行政处罚规定》予以查处：

（一）不符合本办法规定的收费条件，实施收费的；

（二）违反收费管理权限，自立收费项目、自定收费标准收费的；

（三）擅自提高收费标准、扩大收费范围、增加收费频次、超越收费时限收费的；

（四）违反已签定的协议（合同）实施收费的；

（五）违反自愿原则，与行政机关或行使行政职能的事业单位、行业组织联合下发文件或协议，强制或变相强制委托人购买指定产品或接受指定服务并收费的；

（六）公证性的中介机构提供虚假服务成果收费的；

（七）未按规定实行明码标价或对委托人进行价格欺诈、价格歧视的；

（八）违反规定相互串通，垄断或操纵服务市场，损害委托人利益的；

（九）违反规定搞不正当价格竞争，以低于本单位服务成本收费的；

（十）其他违反本规定的收费行为。

第二十四条 省、自治区、直辖市人民政府价格主管部门可依据本办法结合本地实际制定实施细则。

第二十五条 本办法由国家计委负责解释。

第二十六条 本办法自发布之日起实施。

房地产经纪人员职业资格制度暂行规定

（人发〔2001〕128号）

第一章 总 则

第一条 为了加强对房地产经纪人员的管理，提高房地产经纪人员的职业水平，规范房地产经纪活动秩序，根据国家职业资格制度的有关规定，制定本规定。

第二条 本规定适用于房地产交易中从事居间、代理等经纪活动的人员。

第三条 国家对房地产经纪人员实行职业资格制度，纳入全国专业技术人员职业资格制度统一规划。凡从事房地产经纪活动的人员，必须取得房地产经纪人员相应职业资格证书并经注册生效。未取得职业资格证书的人员，一律不得从事房地产经纪活动。

第四条 本规定所称房地产经纪人员职业资格包括房地产经纪人执业资格和房地产经纪人协理从业资格。

取得房地产经纪人执业资格是进入房地产经纪活动关键岗位和发起设立房地产经纪机构的必备条件。取得房地产经纪人协理从业资格，是从事房地产经纪活动的基本条件。

第五条 人事部、建设部共同负责全国房地产经纪人员职业资格制度的政策制定、组织协调、资格考试、注册登记和监督管理工作。

第二章 考 试

第六条 房地产经纪人执业资格实行全国统一大纲、统一命题、统一组织的考试制度，由人事部、建设部共同组织实施，原则上每年举行一次。

第七条 建设部负责编制房地产经纪人执业资格考试大纲。编写考试教材和组织命题工作，统一规划、组织或授权组织房地产经纪人执业资格的考前培训等有关工作。

考前培训工作按照培训与考试分开、自愿参加的原则进行。

第八条 人事部负责审定房地产经纪人执业资格考试科目。考试大纲和考试试题，组织实施考务工作。会同建设部对房地产经纪人执业资格考试进行检查、监督、指导和确定合格标准。

第九条 凡中华人民共和国公民，遵守国家法律、法规，已取得房地产经纪人协理资格并具备以下条件之一者，可以申请参加房地产经纪人执业资格考试：

（一）取得大专学历，工作满6年，其中从事房地产经纪业务工作满3年。

（二）取得大学本科学历，工作满4年，其中从事房地产经纪业务工作满2年。

（三）取得双学士学位或研究生班毕业，工作满3年，其中从事房地产经纪业务工作满1年。

（四）取得硕士学位，工作满2年，从事房地产经纪业务工作满1年。

（五）取得博士学位，从事房地产经纪业务工作满1年。

第十条 房地产经纪人执业资格考试合格，由各省、自治区、直辖市人事部门颁发人事部统一印制，人事部、建设部用印的《中华人民共和国房地产经纪人执业资格证书》。该证书全国范围有效。

第十一条 房地产经纪人协理从业资格实行全国统一大纲，各省、自治区、直辖市命题并组织考试的制度。

第十二条 建设部负责拟定房地产经纪人协理从业资格考试大纲。人事部负责审定考试大纲。

各省、自治区、直辖市人事厅（局）、房地产管理局，按照国家确定的考试大纲和有关规定，在本地区组织实施房地产经纪人协理从业资格考试。

第十三条 凡中华人民共和国公民，遵守国家法律、法规，具有高中以上学历，愿意从事房地产经纪活动的人员，均可申请参加房地产经纪人协理从业资格考试。

第十四条 房地产经纪人协理从业资格考试合格，由各省、自治区、直辖市人事部门颁发人事部、建设部统一格式的《中华人民共和国房地产经纪人协理从业资格证书》。该证书在所在行政区域内有效。

第三章 注 册

第十五条 取得《中华人民共和国房地产经纪人执业资格证书》的人员，必须经过注册登记才能以注册房地产经纪人名义执业。

第十六条 建设部或其授权的机构为房地产经纪人执业资格的注册管理机构。

第十七条 申请注册的人员必须同时具备以下条件：

（一）取得房地产经纪人执业资格证书。

（二）无犯罪记录。

（三）身体健康，能坚持在注册房地产经纪人岗位上工作。

（四）经所在经纪机构考核合格。

第十八条 房地产经纪人执业资格注册，由本人提出申请，经聘用的房地产经纪机构送省、自治区、直辖市房地产管理部门（以下简称省级房地产管理部门）初审合格后，统一报建设部或其授权的部门注册。准予注册的申请人，由建设部或其授权的注册管理机构核发《房地产经纪人注册证》。

第十九条 人事部和各级人事部门对房地产经纪人员执业资格注册和使用情况有检查、监督的责任。

第二十条 房地产经纪人执业资格注册有效期一般为三年，有效期满前三个月，持证者应到原注册管理机构办理再次注册手续。在注册有效期内，变更执业机构者，应当及时办理变更手续。

再次注册者，除符合本规定第十七条规定外，还须提供接受继续教育和参加业务培训的证明。

第二十一条 经注册的房地产经纪人有下列情况之一的，由原注册机构注销注册：

（一）不具有完全民事行为能力。

（二）受刑事处罚。

（三）脱离房地产经纪工作岗位连续2年（含2年）以上。

（四）同时在2个及以上房地产经纪机构进行房地产经纪活动。

（五）严重违反职业道德和经纪行业管理规定。

第二十二条 建设部及省级房地产管理部门，应当定期公布房地产经纪人执业资格的注册和注销情况。

第二十三条 各省级房地产管理部门或其授权的机构负责房地产经纪人协理从业资格注册登记管理工作。每年度房地产经纪人协理从业资格注册登记情况应报建设部备案。

第四章 职　　责

第二十四条 房地产经纪人和房地产经纪人协理，在经纪活动中，必须严格遵守法律、法规和行业管理的各项规定，坚持公开、公平、公正的原则，信守职业道德。

第二十五条 房地产经纪人有权依法发起设立或加入房地产经纪机构，

承担房地产经纪机构关键岗位工作,指导房地产经纪人协理进行各种经纪业务,经所在机构授权订立房地产经纪合同等重要业务文书,执行房地产经纪业务并获得合理佣金。

在执行房地产经纪业务时,房地产经纪人员有权要求委托人提供与交易有关的资料,支付因开展房地产经纪活动而发生的成本费用,并有权拒绝执行委托人发出的违法指令。

第二十六条 房地产经纪人协理有权加入房地产经纪机构,协助房地产经纪人处理经纪有关事务并获得合理的报酬。

第二十七条 房地产经纪人和房地产经纪人协理经注册后,只能受聘于一个经纪机构,并以房地产经纪机构的名义从事经纪活动,不得以房地产经纪人或房地产经纪人协理的身份从事经纪活动或在其他经纪机构兼职。

房地产经纪人和房地产经纪人协理必须利用专业知识和职业经验处理或协助处理房地产交易中的细节问题,向委托人披露相关信息,诚实信用,恪守合同,完成委托业务,并为委托人保守商业秘密,充分保障委托人的权益。

房地产经纪人和房地产经纪人协理必须接受职业继续教育,不断提高业务水平。

第二十八条 房地产经纪人的职业技术能力:

(一)具有一定的房地产经济理论和相关经济理论水平,并具有丰富的房地产专业知识。

(二)能够熟练掌握和运用与房地产经纪业务相关的法律。法规和行业管理的各项规定。

(三)熟悉房地产市场的流通环节,具有熟练的实务操作的技术和技能。

(四)具有丰富的房地产经纪实践经验和一定资历,熟悉市场行情变化,有较强的创新和开拓能力,能创立和提高企业的品牌。

(五)有一定的外语水平。

第二十九条 房地产经纪人协理的职业技术能力:

(一)了解房地产的法律、法规及有关行业管理的规定。

(二)具有一定的房地产专业知识。

(三)掌握一定的房地产流通的程序和实务操作技术及技能。

第五章 附 则

第三十条 本规定发布前已长期从事房地产经纪工作并具有较高理论

水平和丰富实践经验的人员,可通过考试认定的办法取得房地产经纪人执业资格,考试认定办法由建设部、人事部另行规定。

第三十一条 通过全国统一考试,取得房地产经纪人执业资格证书的人员,用人单位可根据工作需要聘任经济师职务。

第三十二条 经国家有关部门同意,获准在中华人民共和国境内就业的外籍人员及港、澳、台地区的专业人员,符合本规定要求的,也可报名参加房地产经纪职业资格考试以及申请注册。

第三十三条 房地产经纪人协理从业资格的管理,由省、自治区、直辖市人事厅(局)、房地产管理部门根据国家有关规定,制定具体办法,组织实施。各地所制定的管理办法,分别报人事部、建设部备案。

第三十四条 本规定由人事部和建设部按职责分工负责解释。

第三十五条 本规定自发布之日起施行。

房地产经纪人执业资格考试实施办法

第一条 根据《房地产经纪人员职业资格制度暂行规定》(以下简称《暂行规定》),为做好房地产经纪人执业资格考试工作,制定本办法。

第二条 人事部和建设部共同成立全国房地产经纪人执业资格考试办公室,在两部领导下,负责房地产经纪人执业资格考试的组织实施和日常管理工作。

各地考试工作由当地人事部门会同房地产管理部门组织实施,具体分工由各地自行确定。

第三条 房地产经纪人执业资格考试从2002年度开始实施,原则上每年举行1次,考试时间定于每年的第三季度。首次定于2002年10月份举行。

第四条 房地产经纪人执业资格考试科目为《房地产基本制度与政策》、《房地产经纪相关知识》、《房地产经纪概论》和《房地产经纪实务》4个科目。考试分四个半天进行,每个科目的考试时间为两个半小时。

第五条 考试成绩实行两年为一个周期的滚动管理。参加全部4个科目考试的人员必须在连续两个考试年度内通过应试科目;免试部分科目的人员必须在一个考试年度内通过应试科目。

第六条 符合《暂行规定》第九条规定的报名条件者,均可报名参加房地产经纪人执业资格考试。

在2005年以前(包括2005年),报名参加房地产经纪人执业资格考试的人员,可以不需要先取得房地产经纪人协理从业资格。

第七条 凡已经取得房地产估价师执业资格者,报名参加房地产经纪人执业资格考试可免试《房地产基本政策与制度》科目。

第八条 参加考试须由本人提出申请,所在单位审核同意,携带有关证明材料到当地考试管理机构报名。考试管理机构按规定程序和报名条件审查合格后,发给准考证。考生凭准考证在指定的时间、地点参加考试。

国务院各部委及其直属单位的报考人员,按属地原则报名参加考试。

第九条 房地产经纪人执业资格考试的考场设在省辖市以上的中心城市。

第十条 建设部负责组织编写和确定房地产经纪人执业资格考试、培训指定用书及有关参考资料,并负责考试培训管理工作。

第十一条 建设部或授权的机构负责组织房地产经纪人执业资格考试的师资培训工作,各省、自治区、直辖市房地产管理部门或其授权的机构组织负责具体培训工作。各地培训机构要具备场地、师资、教材等条件,经省、自治区、直辖市房地产管理部门会同人事部门审核批准,报建设部备案。

第十二条 坚持培训与考试分开的原则,参加培训工作的人员,不得参加所有考试组织工作(包括命题、审题和组织管理)。应考人员参加考前培训坚持自愿原则。

第十三条 房地产经纪人执业资格考试、培训及有关项目的收费标准,须经当地价格主管部门核准,并公布于众,接受群众监督。

第十四条 严格执行考试考务工作的有关规章制度,做好试卷命题、印刷、发送过程中的保密工作,严格考场纪律,严禁弄虚作假。对违反规章制度的,按规定进行严肃处理。

房地产估价师注册管理办法

(1998年8月20日建设部令第64号发布,2001年8月15日根据《建设部关于修改〈房地产估价师注册管理办法〉的决定》修正)

第一章 总 则

第一条 为了加强对房地产估价师的注册管理,完善房地产价格评估制度和房地产价格评估人员执业资格认证制度,提高房地产价格评估水平,根据《中华人民共和国城市房地产管理法》和有关法律、法规的规定,制定本办法。

第二条 本办法所称房地产估价师,是指经全国房地产估价师执业资格统一考试合格后，按照本办法的规定注册，取得《房地产估价师注册证》，并从事房地产估价活动的人员。

第三条 国家实行房地产估价师注册制度。经全国房地产估价师执业资格统一考试合格者，即具有申请房地产估价师注册的资格。

未经注册的人员，不得以房地产估价师的名义从事房地产估价业务、签署具有法律效力的房地产估价报告书。

第四条 国务院建设行政主管部门负责全国房地产估价师的注册管理工作。

省、自治区人民政府建设行政主管部门、直辖市人民政府房地产行政主管部门负责本行政区域内房地产估价师的注册管理工作。

房地产估价师执业资格注册和管理应当接受国务院人事行政主管部门和省、自治区、直辖市人民政府人事行政主管部门的检查和监督。

第二章 初始注册

第五条 经全国房地产估价师执业资格统一考试合格者，应当自房地产估价师执业资格考试合格证签发之日起三个月内申请注册。

第六条 国务院建设行政主管部门或者其委托的部门为房地产估价师的注册管理机构（以下简称注册机构）。省、自治区人民政府建设行政主管部门，直辖市人民政府房地产行政主管部门为本行政区域内房地产估价师注册管理初审机构（以下简称注册初审机构）。

第七条 申请房地产估价师注册，按照下列程序办理：

（一）申请人向聘用单位提交申请报告、填写房地产估价师注册申请表；

（二）聘用单位审核同意签字盖章后，连同本办法第十条第（二）、（三）、（四）项规定的材料一并上报注册初审机构；

（三）注册初审机构自接到注册申请之日起30日内，作出是否受理其注册申请的决定；

（四）注册初审机构决定受理注册申请的，签署意见后，统一报注册机构审核。经注册机构审核认定，对符合本办法条件的申请人，应当予以办理注册手续，颁发《房地产估价师注册证》。

第八条 有下列情况之一的，不予注册：

（一）不具有完全民事行为能力的；

（二）因受刑事处罚，自刑事处罚执行完毕之日起至申请注册之日止不满五年的；

（三）因在房地产价格评估或者相关业务中犯有错误受行政处罚或者撤职以上行政处分，自处罚、处分决定之日起至申请注册之日止不满二年的；

（四）受吊销房地产估价师注册证书的行政处罚，自处罚决定之日起至申请注册之日止不满五年的；

（五）不在房地产价格评估机构内执业或者在两个或者两个以上房地产价格评估机构内执业的；

（六）有关法律、法规规定不予注册的其他情形。

第九条　全国房地产估价师执业资格统一考试合格人员，逾期未申请或者虽经申请但未获准注册的，其资格自房地产估价师执业资格考试合格证签发之日起可保留二年。在资格保留期限内申请注册的，经审批符合注册要求的，准予注册。二年期满后再申请注册的，需参加中国房地产估价师学会或者其指定的机构组织的估价业务培训，并达到继续教育标准的，方可准予注册。

第十条　申请房地产估价师注册需提供下列证明文件：

（一）房地产估价师注册申请表；

（二）房地产估价师执业资格考试合格证原件，该证件自签发之日起超过二年的，应当达到继续教育标准的证明材料；

（三）工作业绩证明材料；

（四）所在单位推荐意见及单位考核合格证明。

第十一条　根据本办法注册的房地产估价师，其注册有效期自注册之日起计为三年。

第三章　注册变更

第十二条　房地产估价师因工作单位变更等原因，间断在原注册时所在的房地产价格评估机构执业后，被其他房地产价格评估机构聘用的，需办理注册变更手续。

第十三条　注册变更，按照下列程序办理：

（一）申请人向聘用单位提交申请报告；

（二）聘用单位审核同意签字盖章后，连同申请人与原注册时所在单位已办理解聘手续的证明材料，一并上报注册初审机构；

（三）注册初审机构审核认定原注册时所在单位已解聘该注册房地产估价师的情况属实，且该房地产估价师无本办法第八条规定的不予注册的情形的，应当准予注册变更，并在其房地产估价师注册证上加盖注册变更专用章；

（四）注册初审机构自准予注册变更之日起 30 日内，报注册机构登记备案。未经登记备案或者不符合注册变更规定的，其注册变更无效。

第十四条 房地产估价师原注册时所在单位与变更后的所在单位不在同一省、自治区、直辖市的，应当先行办理与原注册时所在单位的解聘手续，并向原受理其注册的注册初审机构申请办理撤销注册手续。撤销注册申请被批准后，方可办理注册变更手续。

第四章 续期注册

第十五条 房地产估价师注册有效期满需要继续执行房地产估价师业务的，由其聘用单位于注册有效期届满前三个月内办理续期注册手续。

第十六条 续期注册，按照下列程序办理：

（一）申请人向聘用单位提交申请报告；

（二）聘用单位审核同意签字盖章后，连同本办法第十七条规定的材料一并上报注册初审机构；

（三）注册初审机构应当自接到上述材料之日起30日内，作出是否准予其续期注册的决定。

注册初审机构审核认定该房地产估价师无本办法第十九条规定的不予续期注册的情形的，应当准予续期注册，并在其房地产估价师注册证上加盖续期注册年限专用章；

（四）注册初审机构准予续期注册的，应当于准予续期注册之日起30日内报注册机构登记备案。未经登记备案的，其续期注册无效。

第十七条 申请续期注册应当提交下列材料：

（一）申请人在注册有效期内的工作业绩和遵纪守法简况；

（二）申请人在注册有效期内参加中国房地产估价师学会或者其指定机构组织的一定学时估价业务培训，达到继续教育标准的证明材料；

（三）申请人所在单位考核合格证明材料。

第十八条 续期注册的有效期限为三年。

第十九条 有本办法第八条规定的不予注册的情形，或者脱离房地产估价师工作岗位连续时间达二年以上（含二年）者，不予续期注册。

第五章 撤销注册

第二十条 房地产估价师有下列情况之一的，由注册机构撤销其注册，收回房地产估价师注册证书：

（一）本人未申请续期注册的；

（二）有效期满未获准续期注册的；

（三）完全丧失民事行为能力的；

（四）受刑事处罚的；
（五）死亡或者失踪的；
（六）脱离房地产估价师工作岗位连续时间达二年以上(含二年)的；
（七）以不正当手段取得房地产估价师证书的；
（八）按照有关规定，应当撤销注册的其他情形。

第二十一条　撤销注册，按照下列程序办理：
（一）聘用单位、当地房地产行政主管部门、房地产估价师学会或者有关单位及个人提出建议；
（二）注册初审机构对事实进行调查核实，并将调查结果报注册机构；
（三）注册机构批准撤销注册并核销房地产估价师注册证书。

第二十二条　房地产估价师自被撤销注册、收回房地产估价师注册证书之日起，不得继续执行房地产估价师业务。

被撤销注册后，具有申请房地产估价师注册资格者可以申请重新注册。

第六章　执　　业

第二十三条　房地产估价师必须在一个经县级以上人民政府房地产行政主管部门审核评定、取得房地产价格评估资质的机构(以下简称房地产价格评估机构)内执行业务。

房地产价格评估机构的资质等级及其业务范围，由国务院建设行政主管部门另行制定。

第二十四条　房地产估价师执行业务，由房地产价格评估机构统一接受委托并统一收费。

第二十五条　在房地产价格评估过程中，因违法违纪或者严重失误给当事人造成的经济损失，由房地产价格评估机构承担赔偿责任，房地产价格评估机构有权向签字的房地产估价师追偿。

第七章　权利与义务

第二十六条　房地产估价师享有以下权利：
（一）使用房地产估价师名称；
（二）执行房地产估价及其相关业务；
（三）在房地产估价报告书上签字；
（四）对其估价结果进行解释和辩护。

第二十七条　房地产估价师应当履行下列义务：
（一）遵守法律、法规、行业管理规定和职业道德规范；
（二）遵守房地产评估技术规范和规程；

（三）保证估价结果的客观公正；

（四）不准许他人以自己的名义执行房地产估价师业务；

（五）不得同时受聘于两个或者两个以上房地产价格评估机构执行业务；

（六）保守在执业中知悉的单位和个人的商业秘密；

（七）与委托人有利害关系时，应当主动回避；

（八）接受职业继续教育，不断提高业务水平。

第八章 法律责任

第二十八条 以不正当手段取得房地产估价师注册证书的，由注册机构收回其注册证书或者公告其注册证书作废；对负有直接责任的主管人员和其他直接责任人员，依法给予行政处分。

第二十九条 未经注册擅自以房地产估价师名义从事估价业务的，由县级以上人民政府房地产行政主管部门责令其停止违法活动，并可处以违法所得3倍以下但不超过3万元的罚款；造成损失的，应当承担赔偿责任。

第三十条 房地产估价师违反本办法规定，有下列行为之一的，由县级以上人民政府房地产行政主管部门责令其停止违法活动，并可处以违法所得3倍以下但不超过3万元的罚款；没有违法所得的，可处以1万元以下的罚款：

（一）在估价中故意提高或者降低评估价值额，给当事人造成直接经济损失的；

（二）利用执行业务之便，索贿、受贿或者谋取除委托评估合同约定收取的费用外的其他利益的；

（三）准许他人以自己的名义执行房地产估价师业务的；

（四）同时在两个或者两个以上房地产价格评估机构执行业务的；

（五）以个人名义承接房地产估价业务，并收取费用的。

第三十一条 房地产估价师注册管理部门的工作人员，在房地产估价师注册管理工作中玩忽职守、滥用职权的，依法给予行政处分；构成犯罪的，依法追究刑事责任。

第九章 附则

第三十二条 全国房地产估价师执业资格统一考试工作按照国务院建设行政主管部门、国务院人事行政主管部门的有关规定进行。

第三十三条 本办法由国务院建设行政主管部门负责解释。

第三十四条 本办法自1998年9月1日起施行。

房地产估价师执业资格制度暂行规定

(建房字 [1995] 147号)

第一章 总 则

第一条 为了加强房地产估价人员的管理,充分发挥房地产估价在房地产交易中的作用,根据《中华人民共和国城市房地产管理法》,制定本规定。

第二条 本规定所称房地产估价师是指经全国统一考试,取得房地产估价师《执业资格证书》,并注册登记后从事房地产估价活动的人员。

第三条 国家实行房地产估价人员执业资格认证和注册登记制度。凡从事房地产评估业务的单位,必须配备有一定数量的房地产估价师。

第四条 建设部和人事部共同负责全国房地产估价师执业资格制度的政策制定、组织协调、考试、注册和监督管理工作。

第二章 考 试

第五条 房地产估价师执业资格实行全国统一考试制度。原则上每二年举行一次。

第六条 人事部负责审定考试科目、考试大纲和试题。会同建设部对考试进行检查、监督、指导和确定合格标准,组织实施各项考务工作。

第七条 建设部负责组织考试大纲的拟定、培训教材的编写和命题工作,统一规划并会同人事部组织或授权组织考前培训等有关工作。

培训工作必须按照与考试分开、自愿参加的原则进行。

第八条 凡中华人民共和国公民,遵纪守法并具备下列条件之一的,可申请参加房地产估价师执业资格考试:

(一)取得房地产估价相关学科(包括房地产经营、房地产经济、土地管理、城市规划等,下同)中等专业学历,具有八年以上相关专业工作经历,其中从事房地产估价实务满五年;

(二)取得房地产估价相关学科大专学历,具有六年以上相关专业工作经历,其中从事房地产估价实务满四年;

(三)取得房地产估价相关学科学士学位,具有四年以上相关专业工作经历,其中从事房地产估价实务满三年;

(四)取得房地产估价相关学科硕士学位或第二学位、研究生班毕业,从事房地产估价实务满二年;

(五)取得房地产估价相关学科博士学位的;

(六)不具备上述规定学历,但通过国家统一组织的经济专业初级资格或审计、会计、统计专业助理级资格考试并取得相应资格,具有十年以上相关专业工作经历,其中从事房地产估价实务满六年,成绩特别突出的。

第九条 申请参加房地产估价师执业资格考试,需提供下列证明文件:

(一)房地产估价师执业资格考试报名申请表;

(二)学历证明;

(三)实践经历证明。

第十条 房地产估价师执业资格考试合格者,由人事部或其授权的部门颁发人事部统一印制,人事部和建设部用印的房地产估价师《执业资格证书》,经注册后全国范围有效。

第三章 注 册

第十一条 建设部或其授权的部门为房地产估价师资格的注册管理机构。未取得《房地产估价师注册证》的人员,不得以房地产估价师的名义从事房地产估价业务。

第十二条 房地产估价师执业资格考试合格人员,必须在取得房地产估价师《执业资格证书》后三个月内办理注册登记手续。

第十三条 申请房地产估价师注册需提供下列证明文件:

(一)房地产估价师执业资格注册申请;

(二)房地产估价师《执业资格证书》;

(三)业绩证明;

(四)所在单位考核合格证明。

第十四条 房地产估价师执业资格注册,由本人提出申请,经聘用单位送省级房地产管理部门初审后,统一报建设部或其授权的部门注册。准予注册的申请人,由建设部或其授权的部门核发《房地产估价师注册证》。

人事部和各级人事(职改)部门对房地产估价师执业资格注册和使用情况有检查、监督的责任。

第十五条 凡不具备民事行为能力的和不能按第十三条要求提供证明文件的,不予注册。

第十六条 房地产估价师执业资格注册有效期一般为三年,有效期满前三个月,持《房地产估价师注册证》者应当到原注册机关重新办理注册手续。

再次注册,应有受聘单位考核合格和知识更新、参加业务培训的证明。

第十七条 凡脱离房地产估价师工作岗位连续时间二年以上者(含二年),注册管理机构将取消其注册。

第十八条 房地产估价师执业资格注册登记内容变更,须在变更前30日内向原注册机关办理变更登记。

第十九条 房地产估价师执业资格注册后,有下列情形之一的,由原注册机关吊销其《房地产估价师注册证》:

(一)完全丧失民事行为能力;

(二)死亡或失踪;

(三)受刑事处罚的。

第四章 权利与义务

第二十条 房地产估价师在经批准的估价单位执行业务。估价单位的业务范围、工作规程由建设部按国家有关规定制定。

第二十一条 房地产估价师的作业范围包括房地产估价、房地产咨询以及与房地产估价有关的其他业务。

第二十二条 房地产估价师享有下列权利:

(一)有执行房地产估价业务的权利;

(二)有在房地产估价报告上签字的权利;

(三)有使用房地产估价师名称的权利。

第二十三条 房地产估价师必须履行下列义务:

(一)遵守房地产评估法规、技术规范和规程;

(二)保证估价结果的客观公正;

(三)遵守行业管理规定和职业道德规范;

(四)接受职业继续教育,不断提高业务水平;

(五)为委托人保守商业秘密。

第二十四条 房地产估价师承办业务,由其所在单位统一受理并与委托人签订委托合同。

房地产评估收费由所在单位统一收取。

第二十五条 房地产估价师执行业务可以根据需要查阅委托人的有关资料和文件,查看委托人的业务现场和设施,要求委托人提供必要的协助。

第二十六条 由于房地产估价失误给当事人造成经济损失的,由所在单位承担赔偿责任。所在单位可以对房地产估价师追偿。

第二十七条 房地产估价师与委托人有利害关系的,应当回避。委托人有权要求其回避。

第五章 罚 则

第二十八条 违反本规定,有下列行为之一的,由注册单位对当事人处以警告、没收非法所得、暂停执行业务、吊销房地产估价师《执业资格证书》、《房地产估价师注册证》，并可处以罚款，情节严重、构成犯罪的，由司法机关依法追究刑事责任：

（一）涂改、伪造或以虚假和不正当手段获取房地产估价师《执业资格证书》、《房地产估价师注册证》的；

（二）未按规定办理注册、变更登记和未经登记以房地产估价师的名义从事估价业务的；

（三）利用执行业务之便，索贿、受贿，谋取其他不正当的利益；

（四）允许他人以自己的名义从事房地产估价业务和同时在两个或两个以上估价单位执行业务的；

（五）与委托人串通或故意做不实的估价报告和因工作失误，造成重大损失的；

（六）以个人名义承接房地产估价业务，收取费用的；

（七）因在房地产估价及管理工作中犯严重错误，受行政处罚或刑事处罚的。

第二十九条 房地产估价师执业资格管理部门的工作人员，在房地产估价师执业资格考试和注册管理中玩忽职守、滥用职权、构成犯罪的，依法追究刑事责任，未构成犯罪的，给予行政处分。

第三十条 当事人对行政处分决定不服的，可以依法申请复议或向上级人民法院起诉。

第六章 附 则

第三十一条 通过全国统一考试取得房地产估价师执业资格的人员，根据工作需要可直接聘任经济师职务。

第三十二条 根据国务院国发〔1993〕20号文件的规定，本规定所称房地产是指从事房屋资产和土地资产经营的行业。

第三十三条 本规定由建设部和人事部分别负责解释。

第三十四条 本规定自发布之日起施行。

城市房屋租赁管理办法

（建设部令第42号 1995年6月1日起施行）

总 则

第一条 为加强城市房屋租赁管理，维护房地产市场秩序，保障房屋租赁当事人的合法权益，根据《中华人民共和国城市房地产管理法》，制定本办法。

第二条 本办法适用于直辖市、市、建制镇的房屋租赁。

第三条 房屋所有权人将房屋出租给承租人居住或提供给他人从事经营活动及以合作方式与他人从事经营活动的,均应遵守本办法。

承租人经出租人同意,可以依照本办法将承租房屋转租。

第四条 公民、法人或其他组织对享有所有权的房屋和国家授权管理和经营的房屋可以依法出租。

第五条 房屋租赁当事人应当遵循自愿、平等、互利的原则。

第六条 有下列情形之一的房屋不得出租:

(一)未依法取得房屋所有权证的;

(二)司法机关和行政机关依法裁定、决定查封或者以其他形式限制房地权利的;

(三)共有房屋未取得共有人同意的;

(四)权属有争议的;

(五)属于违法建筑的;

(六)不符合安全标准的;

(七)已抵押,未经抵押权人同意的;

(八)不符合公安、环保、卫生等主管部门有关规定的;

(九)有关法律、法规规定禁止出租的其他情形。

第七条 住宅用房的租赁,应当执行国家和房屋所在地城市人民政府规定的租赁政策。

租用房屋从事生产、经营活动的,由租赁双方协商议定租金和其他租赁条款。

第八条 国务院建设行政主管部门主管全国城市房屋租赁管理工作。

省、自治区建设行政主管部门主管本行政区域内城市房屋租赁管理工作。

直辖市、县人民政府房地产行政主管部门(以下简称房地产管理部门)主管本行政区域内的城市房屋租赁管理工作。

租 赁 合 同

第九条 房屋租赁,当事人应当签订书面租赁合同,租赁合同应当具备以下条款:

(一)当事人姓名或者名称及住所;

(二)房屋的坐落、面积、装修及设施状况;

（三）租赁用途；

（四）租赁期限；

（五）租金及交付方式；

（六）房屋修缮责任；

（七）转租的约定；

（八）变更和解除合同的条件；

（九）违约责任；

（十）当事人约定的其他条款。

第十条 房屋租赁期限届满，租赁合同约止。承租人需要继续租用的，应当在租赁期限届满前3个月提出，并经出租人同意，重新签订租赁合同。

第十一条 租赁期限内，房屋出租人转让房屋所有权的，房屋受让人应当继续履行原租赁合同的规定。

出租人在租赁期限内死亡的，其继承人应当继续履行原租赁合同。

住宅用房承租人在租赁期限内死亡的，其共同居住两年以上的家庭成员可以继续承租。

第十二条 有下列情形之一的，房屋租赁当事人可以变更或者解除租赁合同：

（一）符合法律规定或者合同约定可以变更或解除合同条款的；

（二）因不可抗力致使租赁合同不能继续履行的；

（三）当事人协商一致的。

因变更或者解除租赁合同使一方当事人遭受损失的，除依法可以免除责任的以外，应当由责任方负责赔偿。

租 赁 登 记

第十三条 房屋租赁实行登记备案制度。

签订、变更、终止租赁合同的，当事人应当向房屋所在地直辖市、市、县人民政府房地产管理部门登记备案。

第十四条 房屋租赁当事人应当在租赁合同签订后30日内，持本办法第十五条规定的文件到直辖市、市、县人民政府房地产管理部门办理登记备案手续。

第十五条 申请房屋租赁登记备案应当提交下列文件：

（一）书面租赁合同；

（二）房屋所有权证书；

（三）当事人的合法证件；

（四）城市人民政府规定的其他文件。

出租共有房屋，还须提交其他共有人同意出租的证明。

出租委托代管房屋，还须提交委托代管人授权出租的证明。

第十六条 房屋租赁申请经直辖市、市、县人民政府房地产管理部门审查合格后，颁发《房屋租赁证》。

县人民政府所在地以外的建制镇的房屋租赁申请，可由直辖市、市、县人民政府房地产管理部门委托的机构审查，并颁发《房屋租赁证》。

第十七条 《房屋租赁证》是租赁行为合法有效的凭证。租用房屋从事生产、经营活动的，《房屋租赁证》作为经营场所合法的凭证。租用房屋用于居住的，《房屋租赁凭证》可作为公安部门办理户口登记的凭证之一。

第十八条 严禁伪造、涂改、转借、转让《房屋租赁证》。遗失《房屋租赁证》应当向原发证机关申请补发。

当事人的权利和义务

第十九条 房屋租赁当事人按照租赁合同的约定，享有权利，并承担相应的义务。

出租人在租赁期限内，确需提前收回房屋时，应当事先商得承租人同意，给承租人造成损失的，应当予以赔偿。

第二十条 出租人应当依照租赁合同约定的期限将房屋交付承租人，不能按期交付的，应当支付违约金，给承租人造成损失的，应当承担赔偿责任。

第二十一条 出租住宅用房的自然损坏或合同约定由出租人修缮的，由出租人负责修复。不及时修复，致使房屋发生破坏性事故，造成承租人财产损失或者人身伤害的，应当承担赔偿责任。

租用房屋从事生产、经营活动的，修缮责任由双方当事人在租赁合同中约定。

第二十二条 承租人必须按期缴纳租金，违约的，应当支付违约金。

第二十三条 承租人应当爱护并合理使用所承租的房屋及附属设施，不得擅自拆改、扩建或增添。确需变动的，必须征得出租人的同意，并签订书面合同。

因承租人过错造成房屋损坏的，由承租人负责修复或者赔偿。

第二十四条 承租人有下列行为之一的，出租人有权终止合同，收回房屋，因此而造成损失的，由承租人赔偿：

（一）将承租的房屋擅自转租的；

(二)将承租的房屋擅自转让、转借他人或擅自调换使用的;
(三)将承租的房屋擅自拆改结构或改变用途的;
(四)拖欠租金累计六个月以上的;
(五)公用住宅用房无正当理由闲置六个月以上的;
(六)租用承租房屋进行违法活动的;
(七)故意损坏承租房屋的;
(八)法律、法规规定其他可以收回的。

第二十五条 以营利为目的,房屋所有权人将以划拨方式取得使用权的国有土地上建成的房屋出租,应当将租金中所含土地收益上缴国家。土地收益的上缴办法,应当按照财政部《关于国有土地使用权有偿使用收入征收管理的暂行办法》和《关于国有土地使用权有偿使用收入若干财政问题的暂行规定》的规定,由直辖市、市、县人民政府房地产管理部门代收代缴。国务院颁布新的规定时,从其规定。

转 租

第二十六条 房屋转租,是指房屋承租人将承租的房屋再出租的行为。

第二十七条 承租人在租赁期限内,征得出租人同意,可以将承租房屋的部分或全部转租给他人。

出租人可以从转租中获得收益。

第二十八条 房屋转租,应当订立转租合同。转租合同必须经原出租人书面同意,并按照本办法的规定办理登记备案手续。

第二十九条 转租合同的终止日期不得超过原租赁合同规定的终止日期,但出租人与转租双方协商约定的除外。

第三十条 转租合同生效后,转租人享有并承担转租合同规定的出租人的权利和义务,并且应当履行原租赁合同规定的承租人的义务,但出租人与转租双方另有约定的除外。

第三十一条 转租期间,原租赁合同变更、解除或者终止,转租合同也随之相应的变更、解除或者终止。

法 律 责 任

第三十二条 违反本办法有下列行为之一的,由直辖市、市、县人民政府房地产管理部门对责任者给予行政处罚;

(一)伪造、涂改《房屋租赁证》的,注销其证书,并可以罚款;

(二)不按期申报、领取《房屋租赁证》的,责令限期补办手续,并可处以罚款;

（三）未征得出租人同意和未办理登记备案手续，擅自转租房屋的，其租赁行为无效，没收其非法所得，并可处以罚款。

第三十三条 违反本办法，情节严重，构成犯罪的，由司法机关依法追究刑事责任。

第三十四条 房屋租赁管理工作人员徇私舞弊、贪污受贿的，由所在机关给予行政处分；情节严重、构成犯罪的，由司机机关依法追究刑事责任。

附 则

第三十五条 未设镇建制的工矿区、国有农场、林场等房屋租赁，参照本办法执行。

第三十六条 省、自治区建设行政主管部门，直辖市人民政府房地产管理部门可以根据本办法制定实施细则。

第三十七条 本办法由建设部负责解释。

第三十八条 本办法自1995年6月1日起施行。

参 考 文 献

[1] 曹建华. 房地产中介经营与管理实务全书［M］. 北京：金版电子出版公司，2005.
[2] 柴强. 房地产经纪相关知识［M］. 北京：中国建筑工业出版社，2005.
[3] 陈春根，孙家. 房地产市场中介和经纪人［M］. 上海：上海人民出版社，2005.
[4] 陈冠任. 最新经纪人中介操作与培训全书［M］. 北京：北京工业大学出版社，2004.
[5] 高荣，周云. 房地产经纪概论［M］. 南京：东南大学出版社，2004.
[6] 葛红玲. 房地产经纪人［M］. 北京：中国经济出版社，2003年版.
[7] 李洪梅. 房地产经纪人协理教程［M］. 呼和浩特：内蒙古人民出版社，2004年版.
[8] 廖俊平，史小明，徐斌. 房地产中介理论与实务［M］. 广州：广东经济出版社，2006年版.
[9] 刘薇. 房地产经纪［M］. 北京：化学工业出版社，2005年版.
[10] 全国人大常委会法制工作委员会. 中介机构常用法律法规手册［M］. 北京：中国民主法制出版社，2004年版.
[11] 任凭. 经纪人及其管理［M］. 上海：上海人民出版社，2004年版.
[12] 宋伟. 房地产经纪基础［M］. 北京：人民邮电出版社，2005年版.
[13] 吴翔华. 房地产中介运作指南［M］. 南京：江苏科学技术出版社，2003年版.
[14] 叶剑平，梁兴安. 房地产经纪实务［M］. 北京：中国建筑工业出版社，2005年版.
[15] 叶天泉等. 房地产中介辞典［M］. 沈阳：辽宁科学技术出版社，2004年版.
[16] 张连生，柳建荣. 房地产经纪相关知识［M］. 南京：东南大学出版社，2004年版.
[17] 张永岳，崔裴. 房地产经纪概论［M］. 北京：中国建筑工业出版社，2002年版.
[18] 周云等. 房地产经纪实务［M］. 南京：东南大学出版社，2004

年版.

[19] 朱道林. 房地产经纪人实务手册 [M]. 北京：中国建材工业出版社, 2006年版.

[20] 邹林, 刘立. 房地产经纪人实务手册 [M]. 北京：机械工业出版社, 2006年版.

[21] 中华人民共和国建设部网站 http：//www.cin.gov.cn/
[22] 建设部中国住宅与房地产信息网 http：//www.realestate.gov.cn/
[23] 搜房网 http：//www.soufun.com
[24] 中国房地产网 http：//www.zghouse.net/
[25] 中国房地产经纪人网站 http：//www.agents.org.cn/
[26] 中国房地产估价师 http：//www.cirea.org.cn/
[27] 中国房地产信息网 http：//www.realestate.cei.gov.cn/
[28] 百家搜寻 http：//www.byroom.com
[29] 中国建筑房地产律师网 http：//www.dyjlawyer.com/
[30] 广州市房地产中介服务管理所网站：http：//www.gzzjs.com
[31] 中华不动产网 http：//www.cnbdc.com/
[32] 北京房地产网 http：//www.bjhouse.com/
[33] 北京市房地产信息网 http：//www.e-fdc.com/
[34] 北京市房地产交易中心 http：//www.beijinghouse.com/
[35] 北京市房地产交易管理网 http：//www.bjfdc.gov.cn/public/Index.asp
[36] 新浪房产 http：//house.sina.com.cn/
[37] 焦点房地产网 http：//house.focus.cn/

此外，在本书编写过程中，还借鉴了顺驰、我爱我家、链家、中大恒基、千万家、中原地产等房地产中介企业网站上公布的相关资料，在此恕不一一列举，并一并致谢！